UNLEARN

101 Simple Truths for a Better Life

從苦境中轉回

101種帶有力量，能讓生活美好的思考

謙卑詩人 Humble the Poet 著

為學日益，為道日損

——老子

目錄

前言

各位有教過六歲小孩穿雪靴和連身滑雪衣嗎？小朋友第一次穿的時候，通常會把次序弄反，先穿雪靴，接著才費力套進連身滑雪衣。我以前當國小老師時發現，教導孩子事情，重點不在於我跟小朋友說了什麼，而在我是怎麼說的。孩子就像海綿，就像空的器皿，都會大量吸收（不管他們自己有沒有意識到），最後就形成「事情應當如何」的既定想法。即使後來長大了，也不會有多大改變：**你我一直都在不斷接收訊息，卻往往並沒有真的了解**。

我們死守著數十年都不曾修訂的人生劇本，一方面屈從現狀度日，卻也堅持維持現狀。所謂人生的劇本，就是那些大道理（有些是用說的，有些不是用說的），例如好人有好報、這個社會是互相的、守規矩的人終將勝出……這些道理大部份都是父母、學校老師、媒體以及「我們想要融入群體」的渴望，所不斷灌輸給我們的。

這個人生既定劇本的內容還包括我們必須要追求富足、要得到更多的肯定、更多的愛、更重要的地位、更多隻寶可夢、更多的注目。若將人生比做爬山，我們望著一座又一座連綿不絕的山，不斷攀爬無數的山峰，夢想著一旦自己登上頂峰，會覺得多麼的美好——好到我們都無法停下腳步，好好享受現狀。如果人生一直都是這樣過，久了之後就一點也不有趣了。

我想，這可能也是為什麼你翻開了這本書。

我不是為了要出書，才寫了這本書。我，就像各位，也曾癱倒在地上，覺得自己很可憐，被人辜負，挫敗不已，還有最重要的是，完全無能為力。當時我最好的朋友就是奈奎爾（NyQuil）——這款肌肉鬆弛劑的名稱，我到現在都還不知道要怎麼唸。面對人生的低潮，從前的我應對的方式很簡單：睡覺，然後等別人來幫我收拾善後。

但昔日老師早就不在了，長輩也不見蹤影，我只有一顆破碎的心、陰鬱的腦袋、以及一張床。

我和各位一樣，整天在心裡和自己對話，但和自己講的都不是什麼愉快的事。我犯過許多錯，和你一樣會不斷責怪自己，不斷回想自己鑄下的所有過錯，老想著若時光倒流，自己可以重來一次，一切都會好轉。回顧過去，我認為我犯的最大錯誤就是：這些鳥事必須由我一個人全部承擔。

雖有一堆人在我們身旁，但我們還是常覺得很孤單。我們告訴自己沒人能懂我們，這個想法讓我們誤以為自己跟某種東西有了連結，其實不過是自憐而已。我也曾長時間自憐，後來我想通了：其實我們同舟一命，既然如此，為什麼不相互連結？

自從我領悟到自己不是孤單一個人，便開始分享我和自己內心的對話內容。這些對話來自於當時我想要了解自己——眼前這個崩潰破碎的我。這些內在對話經過時間累積，成了一趟自我探索的旅程，讓我理解與釐清自己的內心世界。理解了自己的內心世界後，我的思路也清晰了，並且有勇氣跟外界表達自己的想法。

我不是來替大家解決問題的。我只是想提醒各位，從我們誕生到這世界上，所做的一切都是在解決問題，**如果我們想要好好面對人生，最重要的不是學習新的功課，而是要懂得拋開過往那些必須放下的陳舊道理**。

有時候放下可以很簡單，簡單得就像告訴六歲小孩要先穿上連身滑雪衣，然後再套上靴子；有時候則像是從亂七八糟的抽屜找出一枝沒人用過的麥克筆，全面修改那份我們從小被灌輸、卻早已過時的人生劇本。

你必須先要知道自己想要的人生方向，才能修改人生的劇本，而且唯有發現自己、為自己做選擇，才能決定自己的人生故事。本書就像一張砂紙，可以幫你磨掉那些陳舊的鏽跡；也像一台顯微鏡，能幫助你擁有澄澈的眼光。本書想幫助大家找回那些你早就明白的道理。其實大家都一樣，你也不過是被生活中的鳥事搞得心煩意亂罷了。請放下一切。放下越多鳥事，我們便越能為自己騰出空間，往內在探尋，找出自己真正有熱情的東西。只要發掘出讓我們覺得熱血的這些東西，便能讓我們決定自己想要的人生方向。

這本書集合了我一路走來的心得。事實真相往往讓人難以接受，但我們至少能把真相說清楚。（況且根據我以前教小朋友的經驗，我的文字都很簡潔有力。）

我不是那種一旦發下宏願就有辦法立刻達成的人。相反地，我和各位一樣，必須面對困難，搞清楚問題所在，免得被問題淹沒。這本書就是我這些年一路走來的心路歷程。我先是辭掉教職，全職從事創意，經過許多年艱辛，我成為成功的音樂家與口語藝術家，這樣的發展連我自己都始料未及。之後我領悟到，我已想要拓展到其他的藝術形式，探索其他不同的道路，將心中的創意靈感具體呈現出來。我執導了自己的音樂ＭＶ、設計自己的衣服，還寫了這本書。在這整個歷程中，我拋開了過往有問題、既定的人生劇本，重新學習有關人生、愛、失落與自己的重要課題。這本書無法讓你免除心碎、焦慮、懊悔或其他痛苦的折磨；它只能提醒你，這些苦痛其實是非常重要。身為創作者，我們都能透過觀察而學習，甚至有時候我們就是自己最好的老師。

人生的鳥事不會變得更簡單，但我們會變得更強壯。當我們體認到自己能從過往學到許多寶貴的經驗，我們會越來越有智慧；當我們願意放下那些陳舊的觀念、信念，還有對未來沒什麼用的價值觀，我們便能活得更自在。從古至今，人都一直是這樣活著的。在人生的路上，有好多好多的事情一直累積，讓人生越來越艱難，但許多時候我們要做的只有「放下」，繼續往前走。

誠摯感謝各位加入我這趟旅程。我出版了這本書之後，世界各地有很多讀者對於我的鬍子吵成一團，以我想像不到的方式彼此連結在一起。對我來說，最珍貴的不是你買這本書所花的錢，而是各位讀這本書所花的時間。因為你在做的，其實是在投資自己，而我誠心地感謝各位。

感謝各位的連結。

坎韋爾．辛格（Kanwer Singh）

@humblethepoet

0. 為什麼？

我的人生和世上所有人沒什麼不同，有意氣風發的時候，也有難堪的時候。我和大家都差不多，會受到過去的束縛，會擔憂自己的未來。我相信，不是只有我一人會經歷人生的高峰與低谷。自從我領悟到不是只有我一個人這樣之後，我就能理解，我所經歷的事情其實再正常不過了。**我們往往放大自己的問題，總以自己為世界中心，認為整個宇宙都在和自己作對；但並非如此。**

我們會跟自己對話，可能是在洗澡時、上班途中、三更半夜失眠時。我整理了一下這些和自己的對話，打在電腦上，和身邊願意聆聽的人分享。正在看本書的你，當然也包括在內。

孤單是一種讓人害怕的感覺，但我們若能體認到自己和他人有許多共同之處，這種感覺便會神奇地瞬間消散；可是諷刺的是，到處是覺得孤單的人。我發現了一個解方，可以有效戰勝這種感覺，就是：和他人建立連結。

我是一位觀察者和創意工作者，我只是想用自己懂的方式，把注意力放在我所學到的東西上頭，並加以重述。我曾在國小當了五年多的老師，這段經驗讓我學到：溝通要簡短，要吸引人，因為簡潔的訊息比較容易了解。這即是本書的內容：簡短洗練的金句良言，提醒各位在充滿挑戰的人生旅途中，有哪些事情可以讓自己穩住。我之所以用「提醒」二字，是因為每個人的人生都曾有意氣風發、處處順利的時刻，而以往我們處於順境的正面心態，其實可以幫助我們面對眼前的挑戰，戰勝它們。

我很感謝各位花時間閱讀我的書，希望各位會喜歡。若讀到喜歡的部分，請盡情享受，若讀到了不喜歡的部分，就請略過，並請將你覺得有人會需要聆聽的部分分享出去。

1.

人生沒有筆直的道路

大自然裡很少有筆直的線條，人生也是。當各位閱讀本書時，我希望大家放下的第一件事情就是「人生坦途」這個想法。你可能在讀到書中某些段落時，停下來想說：「這前面不是已經講過了嗎？」我的答覆是：「沒錯！」值得講出來的事情，再怎麼重複都值得。人生難得遇到「值得謹記在心」的事，只要有遇到，就值得放在心裡。本書的結構比較像是重複的循環，而不是線性的敘述開頭、中間與結尾。

觀念必須經過強化、重溫，才能深植我們腦海中。在資訊爆炸的年代，訊息接收的速度之快，可能還沒翻頁就已忘記（假設大家還有在翻書頁）。所有重要的技能都需要練習才能學會，而練習就只是一次又一次的重複去做，直到習慣成自然。

本書沒有什麼閱讀的先後順序，你可以從後面開始讀，從中間開始讀，或是隨意讀任何篇章；只有當你覺得有共鳴時，本書內容才有價值。你在十五歲時讀到的，跟你過了十年後重讀的感受，必然很不一樣。我由衷期盼各位在人生旅途中，能夠再回頭閱讀本書，跟書裡的見解建立新的連結。

書中所述的看法與觀念並非無中生有，它們早已流傳數千年，而且這些智慧已在我們心中，我們需要拋開一些陳舊的觀念。懂得放手，才能得到更多；這個觀念沒什麼神秘之處。本書贊同這些人生智慧，並且會加以闡釋。

無論各位的人生有何際遇，希望這本書能讓這個旅程愉快有趣。

懂得放手，才能得到更多；這個觀念沒什麼神秘之處。

2.

想要更快樂嗎？只要簡單5個步驟

請寫下五件或十件你在人生中覺得感恩的事情。

只要改變你的心懷意念，你的心情便能有奇蹟般的轉變。這不是什麼花招，也不是什麼噱頭，而是事實：快樂其實是一種心態，**所以想想那些快樂的事，把你的心態預設為快樂**。

快樂的感覺無法一直持續。不過，我們應該要永遠都覺得快樂嗎？無時無刻都要覺得快樂，這樣合理嗎？如果一直都感到快樂，會不會我們連什麼是快樂都不知道？人的情緒感受有許多值得探索的空間，不妨好好改善你和自己所有情緒的關係。我非常感謝自己能擁有各種不同的情緒，這些情緒讓我認識新的自己。

憂鬱時，我們用微笑掩蓋；人多之處，我們還是覺得孤單。漸漸久了我們也就習慣這種情緒了，結果開始相信自己就是這樣的人。但事實並非如此。如果可以放掉這些情緒感受，我們就能脫胎換骨，成為更好的人。

對於自己現況不滿的人，以後也不會滿足於自己得到的東西。這種心態有好也有壞。有些人能在追求的過程中感到快樂，並且感恩有這樣的機會。

我個人並不想隨時看起來都很快樂，也不想覺得安於現狀。我喜歡有企圖心，充滿渴望，而且只要我還可以往前行、學習、分享與成長，對於一路上遇到的任何至理名言，無論是屎還是黃金，我都心存感恩。

你覺得自己有哪些值得感恩的？

憂鬱時，我們用微笑掩蓋；
人多之處，我們還是覺得孤單。
漸漸久了我們也就習慣於這種情緒了，
結果開始相信自己就是這樣的人。

3.

不快樂，很容易

當我們腦中所想的和眼前的實際狀況不符，不快樂的感覺便會出現。有些人不快樂是因為得不到自己想要的，或是不滿意自己所處的位置。有些人則是覺得自己糟透了——也許是因為跟他人比較，或是和從前的自己相比。反正就是你的期望跟實際情況有落差。

我們心中的期待常會改變。大多數人都有這種經驗：長期渴望某事，一旦得到後，卻發覺和預期不同。我們之前在心裡所想像的，其實是被過度誇大或美化了。想要的事越少，絕對比得到更多來得快樂。

現實也非一成不變。我們只看到自己想要看到的。近年來我修改了看待身邊事物的方式，連帶使我自己也改變了。我不再將犯錯視為失敗，而是視為人生寶貴的、或是代價甚高的課程。大路障變成了減速丘和小柵欄而已。要放棄的藉口，變成了適應的理由

（或是激勵自己往前衝）。

但各位別誤會，我可不是什麼修行得道之人。我還是會無病呻吟，抱怨那些雞毛蒜皮的小事，但我只給自己約十分鐘咕噥，之後就繼續往前行。我會自問：「我究竟想要怎樣的快樂？」並且重新思考怎樣才是快樂，然後試著改變與調整，盡力拉近想法與現實的距離。

內心的期待，會比現實狀況更容易導致不快樂的心情；你期待的越少，就會感覺越好。另外凡事用正面樂觀的角度觀看，就會發現甚至可以微笑以對。

還有一點很重要，請謹記：只有傳教士和電視購物節目會保證大家永遠會快快樂樂。**內心充滿各種不可勝數的情緒是很健康的。歡迎所有的情緒進來，好好體驗這些情緒原本的樣貌（但記得之後要清理）**。你也能察覺出情緒之間的關係。越不容易動怒，便越不容易受刺激。越少事情讓你落淚，就越不容易開懷大笑。不同的人生經歷將打破你心中的藩籬，使你對於未曾經歷過的事物，也能產生感受（就像看到電視劇中主角被父母拋棄，你會眼眶泛紅）。

下一次你又覺得鬱卒時，可以問問自己心裡的期待與眼前現實是什麼。一旦領悟與察覺了，你就擁有力量，做出改變，縮小理想與現實的距離。有時候這麼做比吃垃圾食物更有用！

請注意：情緒與大腦內的化學物質有關。就算我這大鬍子唱歌給你聽，也無助你的情緒。當你感到彷徨無助、快要承受不住時，千萬不要害怕尋求幫助。我曾尋求過幫助，而且大有裨益。

內心的期待，
會比現實狀況更容易導致不快樂的心情。

4.

恐懼帶來的禮物

恐懼是件禮物。

我說的是指與生俱來、本能的恐懼。遭逢危險時，人類生物會有驚嚇的反應，而這樣驚嚇的感覺提醒我們該如何應對或避開危險。上述的恐懼感僅發生於危險事件當下，持續時間不長。

人類是種奇妙的生物：就算已遠離了危險狀況，恐懼仍可纏著我們。若你曾經是刑案的受害者，你會很清楚「事發後有好一陣子，恐懼感依舊陰魂不散、日常生活被打亂」的感覺。睡也睡不好，就算在安全的環境也會戰戰兢兢、坐立難安。

有時我們想要試著往前邁進，恐懼感卻會讓人裹足不前、動彈不得。

除此之外，人類有種很「奇葩」的能力：我們會憑空想像出各種恐懼，包含：害怕失敗、害怕挫折、害怕尷尬、害怕失去、害怕改變、害怕真相。這類的恐懼往往非理性，實質的危險並未發生，故應稱之為「恐懼症」（phobias）。

向心儀的女生要電話被打槍，並不是世界末日。被打槍的感覺很鳥，為了不要有這種感覺，你以後可能就不跟她要電話了。同樣地，害怕讓他人失望，所以決定繼續上生物課而不是換到現代舞蹈課；因為害怕，所以不敢跟原有社交圈以外的人交朋友；因為害怕，所以不敢辭掉老師改行當饒舌歌手。

「恐懼症」型態的恐懼並非本文開頭所談的「恐懼」，生物本能的「恐懼」是指腎上腺素的作用。舉例來說，突然有台車向你衝過來，腎上腺素的分泌讓你能即時反應，但過了幾分鐘後腎上腺素便會消退。而恐懼症所造成的恐懼感卻能持續滋長、蔓延。

每個人都各有不同的恐懼症。身為人類群體的一份子，人人都可能會有集體性的恐懼症。縱觀近代歷史，數十年來人類曾如實驗室內的白老鼠般，為集體性恐懼症煽動與操縱（這是愛德華伯內斯說的）。*

---

* Edward Bernays，公共關係學家。

因為不想要有恐懼感，我們選擇保守行事，打安全牌，或是假意聽從。害怕被人群孤立，我們只好拼命將自己同化。害怕被人忽視，我們只能大吼大叫以吸引他人目光。害怕孤獨一人，我們犧牲自我，委曲求全，還自認為其他人必須接受我這一切的奉獻。人人跳的是同一支舞，但各自跟著不同曲調起舞。

我們都需要培養勇氣，不是那種披著閃亮亮的鎧甲、雄赳赳氣昂昂不知恐懼為何物的武士勇氣。我們須知道自己在恐懼什麼，而且在恐懼中堅持前進，儘管腳步緩慢。恐懼本身未必是絆腳石，真正絆住自己的其實是放任恐懼阻礙你我的前行。在美國最風雨飄搖的年代，小羅斯福總統曾說過：「『恐懼』本身才真正叫人害怕。」

每當我焦躁不安或是碰到煩惱時，我都會問自己：「你在害怕什麼？」試著回答這問題，能幫助我釐清自身定位，而這便是克服恐懼的第一步。其實我內心恐懼往往設想得太糟，現實狀況根本沒那麼可怕。

沒有人是毫無畏懼、天不怕地不怕的。但我所認識的最有勇氣的人，往往最懂得與自身的恐懼和恐懼症和平共處，並立志不讓恐懼阻礙自己的快樂與幸福。

若不想讓恐懼阻礙了自己的快樂，自然得先和自己對話，找出內心有哪些恐懼。找出並認清自己的恐懼，便是克服恐懼、征服恐懼的第一步。

我所認識的最有勇氣的人，
往往最懂得與自身的恐懼和恐懼症和平共處，
並立志不讓恐懼阻礙自己的快樂與幸福。

5.
熟齡女子

一位熟女用濃厚的紐約口音向同伴說：「點份草莓奶油蛋糕來慶祝我們大家又多活了一天吧！」

這就是音樂人 Sikh Knowledge 曾經敘述過的一個場景。這個故事帶給我的啟示：我們擁有無窮的能力，可以把周遭的世界，畫出我們自己喜歡的模樣。

世界上充滿了各種狗屁倒灶的事，而我的藝術作品常常試著解析這類鳥事，為此我必須努力探究原因，努力了解自己，這樣在探討問題的時候才能拿出新的觀點，不會惺惺作態。

我非常清楚「真相」在這世上往往無一立足之地，因為世人碰到任何事只會用二分法看待：非友即敵。世界上其實充滿了各種灰色地帶，但這不是那些執意固守非黑即白的人願意正視的。

人類追尋的不是事實，而是對己見的肯定。簡單來說，我們心中早有定見，想盡辦法找到証據以支持自己的想法，並在不知不覺間忽視掉不利於一己成見的事物。這其實也不全然是壞事。試想一下，若人類大腦缺乏「忽略自身認為不相干事物」的機制，我們豈不是每分每秒都得被爆多的訊息轟炸？

但若你的定見極深，那就不妙了。你會不斷重複觀看特定想看到的訊息，而且只願意和有相同想法的人相處（這些都是舒適圈之所以「舒適」的重要關鍵）。如果你覺得世間一切大小事都是鳥事，那就更不妙了。換句話說，你若覺得人生爛透了，那麼你的人生真的會爛到透。你根本無視家裡冰箱還有滿滿的食物、有網路和乾淨的自來水可用，也根本不會珍惜自己還有空閒時間抱怨人生有多爛。

你是將注意力放在那些愛你的人的身上，還是那些根本不回你電話的人呢？你會和旁人訴苦和分享喜悅嗎？請謹記，你的每個想法決定了你眼中世界的樣貌。這世界的確存在著許多不公不義、不平不順，但各位別忘了，大部份的鳥事從古至今都一直存在。哪怕只是略看看這些問題與挑戰，其實也能提醒你我珍惜、感恩所擁有的一切，並鼓勵各位在自己的小世界裡，也可以散播美的力量。

回到文章一開頭提到的熟女故事。當時她隔壁桌的客人正在唱生日快樂歌慶生，熟女也因此想到應該來點份草莓奶油蛋糕。別人在慶生，觸動熟女心弦，也找到了好理由為自己慶賀一番。

從現在開始，就替自己找個理由來高興一番吧！還有，記得好好為自己的人生畫布作畫。人生是藝術，是一個尚未完成、正在進行的作品。唯有生命告終，作品才算完成。每一天都是嶄新的日子，自己可以決定自己的日子想怎麼過。

你的每個想法，
決定了你眼中世界的樣貌。

6. 依賴性的隱憂

關係可能成為依賴性的一大隱憂。

我說的「關係」不僅是指戀愛關係，而是指包括專業能力、朋友、創新能力與家庭等「關係」。

我不是反對建立關係，而是想提醒各位留意自己在各種關係中所養成的依賴。若將開啟快樂的鑰匙拱手放到他人口袋裡，我們快樂與否就得看人臉色了。誠然，能掌握你快樂與否的人，不見得都會恣意妄為，但鳥事很有可能會發生。

簡單一句話：人生中最重要的關係，是你和自己的關係，不是和旁人的關係。若將這個重責大任放到他人身上，效果往往適得其反。但你不能怪別人讓你不快樂，你只能怪自己。以上這番話，或許聽來有點「檢討受害者」，有點刺耳，畢竟沒有人喜歡負責。

但若想要確保自己有長遠且健全的能力，可以建立各式有意義的關係，「承擔責任」恐是不二法門。

「愛」這字變得越來越廉價。隨口說說「我愛你」，一轉頭「愛」又煙消雲散，這樣的情況屢見不鮮。「愛」究竟是什麼？一個母親會變得「不愛」自己的骨肉嗎？如果任何關係的本質都會改變，改變的原因又為何？

改變的一大原因，便是期待。童話故事多將愛描繪成無條件的愛，我們也深信不疑。但真實生活中，人所追尋的愛往往牽涉到各種錯綜複雜的條件。人世間的愛是有條件的，這句話雖然很不浪漫，但非常寫實。

不是因為我希望各位「變得」獨立，我才鼓勵各位要獨立自主，而是因為大家「本就是」獨立的個體。我們獨自一人降生於這世界，日後也終將獨自一人告別世界。這句話雖然也很不浪漫，但認清這點後能讓自己明白：先關照、建立與自身的關係，才能大大提升與他人建立關係的能力。

依賴性是非常不健康的心理，不管你依賴的是物質、思想還是他人。換句話說，想要的越少，得到的會越多。當然，日常生活中，我們都需要仰賴他人協助，一起合作完成事情。但若能早日查覺到「依賴性」的存在，當事態不符期望時，我們能將傷害、打擊降到最低。這也能激勵各位盡力減少依賴性。有一天若依賴變少了，自己也能過得好。

我不是鼓吹各位過著離群索居的生活。我一直生活在人群中，和形形色色的人相處、打交道，但也懂得斷捨離，過簡單的生活。我也非常清楚：若無法與自己快樂相處，那麼沒有任何人、事、物能填補自身內心的空洞。

簡單一句話：

人生中最重要的關係是你和自己的關係，

不是和旁人的關係。

7.

人生重擔太多

我們的人生都有懊悔的回憶。當年那些蠢到爆炸的行為讓你恨不得能夠回到過去，試著補救與挽回。從前的錯誤，也許今日看來再明顯不過，只是當時惘然也。

有些人會幻想：若當年沒有犯那樣的錯，人生今日或許不一樣，一切應該會更好。

別再講這種廢話了！

你無法預知未來，就連幻想中「如果當時……就……」的各種場景也幻想不到真正的未來。對現狀感到不滿時，我們大可以沈溺在過去，什麼事情也不做，一味「展望未來」。但其實我們也可以選擇把握當下，動起來！

人人都會背負著懊悔的回憶，但一味背著不放根本無濟於事，負擔只會越來越沈重。記得從錯誤中學習，犯錯後先感謝失敗的發生，再慢慢放下，揮一揮手，瀟灑向失敗告別。

思考模式不要非黑即白，沒有什麼決定是絕對的對與錯。了解自己的過去，別浪費時間評斷過去。了解自己的現狀，別浪費時間評斷眼前的事。善用從過去與現勢經驗之所學，創造自己想要的未來。這做起來並不容易，而且我確定各位未來還是會搞砸一些事。就算如此，只要做好準備，未來壞事發生時你也可以從中找到珍貴的經驗與智慧。

旁人只能透過以往的事蹟對你讚譽有加，欣賞的是「過去的我」，但你可以選擇欣賞「現在的我」。深深吸一口氣，還不要放，繼續吸氣。接著，慢慢吐氣，將氣都慢慢吐出來。恭喜各位，已為人生按下「重置」鍵！

從現在開始往前邁進，開創自己想要的人生。

我們都會背負著懊悔的回憶，
但一味背著不放根本無濟於事，
負擔只會越來越沈重。

8.

少即是多

在乎的越少，你會越快樂。你的滿足感應該由內而生，而不是一味在意他人眼光，只求外頭看起來風風光光。

我們看不見別人的內心掙扎、苦痛、壓力和焦慮，人人呈現出的一切都只是表象。正因如此，若只想把自己的人生與他人相較，只會讓自己越活越憂鬱。

若我們在乎的是旁人眼中我快不快樂，而非來自內裡真正的快樂，那我們就無法快樂，因為我們錯將他人對成功的標準，拿來套用在自己的身上。其實就算只穿著破洞牛仔褲、挖洞洞T恤，自己也能感到身心舒暢、神清氣爽，因為自己的感覺比外表看起來如何更重要。我也明白，外表光鮮亮麗、衣著乾淨整齊確實能讓心情更好，但比起衣著打扮，人最棒的戰袍是自信心和快樂感。

先好好傾聽、審視自己內心的聲音，再理會旁人的眼光。我們不可能預知別人會怎麼想，更不可能做到讓所有人都滿意。畢竟這社會有各種不同的想法與聲音，有些我們贊同，有些則否。

各位讀者，我不可能認識你們每一個人，但我非常確信各位必有引人注目的獨到之處。自己的幸福快樂比旁人看你的眼光更重要。

先在乎自己、關照自己內心，旁人的想法只是次要，要不要鳥他們，你可以決定！

先在乎自己、關照自己內心，
旁人的想法只是次要，
要不要鳥他們，你可以決定！

9.

愛上一汪無底的深潭

有時候，愛人的感覺就像是我已付出一切所有，結果是把這一切投到了無底深淵。全都投下去了，只希望能傳來一點點水花聲也好，希望對方能感受到我的用心良苦，因為眼前這一切都覺得不好。

也許各位可以再加把勁繼續努力，也許真的是做得還不不夠多、不夠好。但也有可能只是因為……

你愛錯人了。

自己必須先擁有「愛」，才能分享這份「愛」；不是因為自己急切需要「愛」，才忙不迭地「愛」人。你最愛的人應該是……（鼓聲請下……緊張呀緊張）你自己。

如果對方不接受你的愛，是時候清醒吧，重新向前邁進，瀟灑告別這份感情。這麼做並非意在讓對方留戀，而是重新找回自己的尊嚴與價值。

我知道我已說了很多遍，但還要再說一遍：**如果你不愛自己，那就別妄想旁人會愛你**。否則你是會淪為對方利用的工具。你不必埋怨對方，只需保持距離即可。

若各位發現自己被他人利用，不需自憐自艾。記得愛自己，將自己放到最好的位置。

自己必須先擁有「愛」，
才能分享這份「愛」；
不是因為自己急切需要「愛」，
才忙不迭地「愛」人。

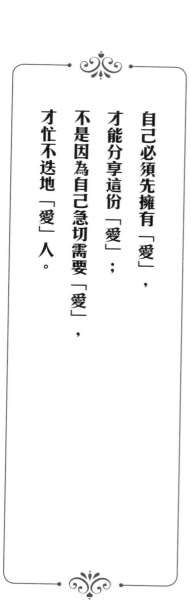

10. 時間花在哪，人生就在哪

人生的優先次序、孰輕孰重不是嘴上說了算，而是看你的實際行為。實際行動則是由自己安排的進度、時間表而定。你當然可以嘴上說說某件事（或某人）很重要，但如果沒有預先為口中「重要的人事物」做準備，不過是自欺欺人、空口說白話罷了。

不一定會有明天，「明天」根本不保證會到來。若你因恐懼而不敢去做人生中很想做（或應該做）的事情，這樣是不行的。有一番成就的人物並非沒有恐懼，但他們面對恐懼依舊勇敢前進。

科學再怎麼發達，人終將一死。人生在世，其實只有自己能決定自己的日子該怎麼過。有些人想到死亡就害怕，而有些人卻覺得是種解脫。我喜歡時時提醒自己，只要我一息尚存，就要盡情開創自己想要的人生（這當然不容易，不過話說回來，任何值得一拼的事情都不簡單）。日後一旦沒了氣息，萬事皆是空。

生命如此短暫，根本不該浪費時間待在自己不想待的地方。若還得和討厭的人打交道，你會覺得人生變得更短了。

過去無法改變，但我們永遠都能為自己的人生展開新的一頁、譜出新的樂章。我有些好友曾鼓足勇氣跳脫舒適圈，為自己拼得更好的人生。這些成就絕非一蹴可及，但這些朋友一路披荊斬棘，都脫胎換骨成為更好的人，擁有更好的人生。各位也可以做得到！雖然一切很不容易，但那又如何？人若辛苦建立了一個自己不想要的人生，那又有什麼意義呢？

我非常鼓勵大家冒險，各位值得一試，**因為你值得**。既然恐懼不可能消失，那便好好與恐懼相處，不畏恐懼，盡力打拼自己的人生。從現在開始，坐而言不如起而行。什麼事情對你來說是重要的，就該展現在你每天的行為上。

生命如此短暫，根本不該浪費時間待在自己不想待的地方。
若還得和討厭的人相處，你會覺得人生變得更短了。

11.

把自己放第一位不是自私的表現

每個人都站在自己的角度看世界，各有必須優先滿足的利益與需求。但這不是自私的表現。所謂自私，是指不讓他人做他們想做的事，甚而一廂情願認為他人都該照你自己的意思行事。既然大家都不希望旁人干涉我們自己怎麼過日子，那麼己所不欲，勿施於人。

關照自身、將自己放第一位絕非自私自利的表現。懂得關照自身、以自己為主的人，也能體諒他人也以自己為主的立場。**建立「你走你的陽關道，我過我的獨木橋」心態，營造一個讓他人自由發展的環境**（控制狂聽到這裡可就受不了了）。

與其執著找到「對的人」，不如全心讓自己變更好，讓自己成為一個「對的人」。如此一來，你欣賞的人也會欣賞你。多與這些你欣賞的對象接觸、互動，努力成為自己也喜歡的人。

把自己放第一位也是種生存技巧。我們習於搾乾自己，只為了迎合他人不知所以的期待。虛耗一生只為討好旁人，驀然回首才驚覺沒有為自己活過一回。

我並不是要各位恣意妄為、虛擲光陰，只做自己想做的事。但若能體悟到人人皆為己謀利的道理，便更容易與他人共事、相處。大家都想知道什麼才對自己有利。若能正視並尊重這個道理，則能收互蒙其利之效。

追求自己想要的生活不叫自私。當別人也努力追求心中所嚮往的人生、而我們不願伸出援手時，這才叫自私。每個人都有在乎的事、在意的人，請樂於伸出援手。正是有各位的支持，我才能成為今日的我，在此由衷感謝。我無法幫助到每一個人，但我很願意在能力所及的範圍內，幫助我在乎的人。與厭惡之人相處，盲從流俗勉強自己盡社會義務，根本就是在浪費生命。

說實話，其實讓別人知道我們討厭他們也沒關係。這樣一來，說不定就能不用和厭惡之人打交道。

與其執著找到「對的人」，
不如全心讓自己變更好，
讓自己成為一個「對的人」。

12.

世界何曾公平？

這世界從來就不公平。

期待好心有好報，根本就像把自己的手伸入母獅籠內，一心期盼母獅不會咬掉自己一條臂膀——只因為你以為「我不也會咬母獅啊」。

若你想當個好人，那就當吧。若你想為人正直，對他人一視同仁，與人和睦相處，那也很好。但請謹記，這些待人處世之道絕對不代表你自己理應得到、或是也能得到相同的對待。

只有在電影裡，好人才總能取得最後勝利。而也只有在電影裡，才有所謂的「好人」。真實世界中，一切都很難簡化成善、惡之分。我們所擁有的一切舒適與方便，幾乎都是透過剝削他人而得。如果要地球上的每個人都能有你我的生活品質，如可使用電力、網際網路，那麼我們還得多幾個星球才夠用。人人為了追求衣食無虞，都會消耗資源。正因如此，自人類有史以來，莫不是充滿爭鬥、衝突與傷害。

我想跟各位強調的重點是我們應回歸現實。現今地球上生物所面臨的各種問題，絕大部份都是「生物」所造成（可不是小兔兔、海豚或蠍子，我指的是人類）。想要解決問題，就得先停止製造問題；但如此一來，每個人便再也不能從問題中獲益了。大家皆以自身利益為行事準則，可是彼此的利益又不同，不僅重疊，還互相衝突。舉例來說，那些呆呆的伊拉克人不小心挖到了**我們的**石油。利益衝突自然會導致衝突的發生，而衝突則可能遭致傷亡。當人類碰到阻礙自身利益與財路的對象時，最沒創意的解決方式便是殺戮。不是只有人類會作出發動戰爭與謀殺的行為，其他生物也會，但人類卻花了大部份的時間鑽研完美的戰爭與謀殺工具。

也許是我們禱告不夠，也許是我們罪孽深重，原先滿懷慈愛的上帝因此透過慘不忍睹的暴行、飢荒等天災人禍來警示人類所犯下的錯誤；也有可能是魔鬼搞的鬼（據傳魔鬼是墮落的天使）；又或者當我們收看動物頻道時，應該多留心：螢幕上小羚羊被一群獅子生吞活剝，這畫面可能代表著我們人類一直試圖忽略、卻仍隱含在人類心中的獸性。

我們大多數人運氣頗好，不必生活在暴亂頻仍、民不聊生的地區，親眼目睹人性最黑暗、醜惡的一面。我一直期勉自己要對這一份福氣心存感激。

錫克教義鼓勵每個教徒，無論男、女或孩童，都應保持戰鬥實力，隨時做好戰鬥的準備。打每一場戰役，必須「知己」：知道自己所處的形勢（兵家孫子說的）。饒舌歌手五角（50 Cent）和昔日幫派份子、今為成功企業家的萊恩布萊爾（Ryan Blair）皆能將昔日街頭生活的坎坷經驗成功轉化為從商的養分。這類人物勇於面對挑戰，取得成功，而非一味抗拒挑戰的考驗。你不會聽見五角和布萊爾抱怨連連，相反地，兩位都能適應挑戰、征服各種難關。

能生存下來的不是最強壯的，而是適應能力最好的。當你能如此看待人生，那麼再也沒有任何事物能阻礙你了。所有的阻礙，其實只是個關卡等著我們來破關罷了。

像水一樣，緩緩流過裂縫。不要一味蠻力抵抗，應像水般適應各種形體，流過或穿越。心胸開闊、柔軟，自然能看清外在事物。

淨空你的內心，像水一樣無形。將水倒入杯中，水就是水杯的形狀。將水倒入瓶中，水就是瓶子的形狀。將水倒入茶壺裡，水就是茶壺的形狀。水能載舟，

亦能覆舟。水能平緩流動，也能衝擊四方。請像水一樣吧，我的朋友。

——李小龍

越能看清、了解現實，越能與現實和平共處。現實也許不是那麼美好，但人人都有必須面對的現實。

能生存下來的不是最強壯的，而是適應能力最好的。

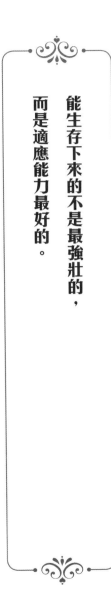

13.

你我終將一死

數十載之間，我們所鍾愛與在乎之人也終將逝去，或者先我們一步而去。為何光是想到這，我們便憂心忡忡，愁容滿面呢？

除了死亡，生命還有什麼是必然的？人走了以後，我們如何判斷這人走得太早？是根據平均壽命來定義短命或高壽嗎？用時間的概念來衡量生命有道理嗎？

「生命的意義不在活了多少日子，而是在怎麼過這些日子。」

對大部份人來說，自己與死亡似乎是無關的。我們彷彿刻意忘了生命無常。不論是活了五年還是活了五十年，人擁有的每一時每一刻都是寶貴的禮物，轉瞬就成無常。不知從何時開始，我們自以為生命是必然。其實生命唯一的必然，唯死亡而已。

終有大限之日一事何足憂懼？我個人總覺得這反而是件好事。

正因為生命有限，生命才如此美好。若人人長生不死，生命就不稀奇了。現在有很多人卻把生命視為理所當然、永不消逝似的。

正視死亡的存在能大幅提升我們運用時間的效率。既然人難免一死，那麼蝸牛角上爭何事，何必為了芝麻綠豆的小事爭長短（任何事和死亡一比，其實都是小事）。

我想所謂人類內心與生俱來的創意，應是源自於我們對於長生不死的渴望。宗教的概念跟這頗類似：許多宗教的教義多在探究人死後去哪裡，不斷探討「人生前該做何事，以確保來世的福澤」。（仔細想想，其實這招是很高明的行銷策略：因為你得等到死了以後，才知道生前的這套概念是否狗屁不通。況且，死後也討不回生前因為相信而投入的金錢和時間了。）

我個人則認為，每個人就像自然界的一個細胞。新細胞會誕生，舊細胞會死亡，大自然自有其運作法則。人類只能像懸絲傀儡般任由大自然操弄，自己猶渾然未覺，甚而以為自己能掌控一切。

這只是我的看法，但話說回來，什麼才是對我們最重要的事，多半是取決於個人的看法。故我們怎麼看待「死亡」這回事便至關重要。

若能留心我們與死亡的關係，便能好好練習放手的課題。錫克哲學（Sikh

Philosophy）鼓勵人們「去除依存」，各位細想一下，其實這項哲理是蠻實際的建議。人生如朝露，對人、事、想法與信念的苦苦依戀和執著，遭致人生的苦難與悲傷。世事無常，實在毋須苦苦依戀。

我的心思不為怪力亂神和來生等說法所擾，不過我可以理解為何這些說法那麼吸引人心。大家都想要相信：人生道路的前方除了如燈火熄滅般的死亡之外，總還有些什麼吧。對未知的恐懼，便促使人們產生許許多多不同的心態與思維。

但燈終究會滅，人終究不免一死。死亡不是選擇，而是必然。話雖如此，我們每個人可以選擇如何看待「終有大限之日」這件事。珍惜身邊擁有的一切，不要浪費時間為不可測的未來、不可免的死亡擔憂。

你我終將一死，但正因生命有限，人生才顯得可貴。正因我所鍾愛與在乎之人終將逝去，我會更珍惜他們陪伴在我身邊的時光，而非將擁有的這一切視為理所當然。

當大限一到：

「別為了失去而哭泣；微笑吧！因為我們曾經擁有。」

——蘇斯博士（Dr. Seuss）

珍惜身邊擁有的一切，
不要浪費時間為不可測的未來、
不可免的死亡擔憂。

14.

你是誰？

沒有人比你更了解你自己。沒有人比你更有權力定義你自己。一味尋求他人的肯定，只會讓自己的角色和定位輕易為他人所控。

外在的世界永遠不會完全了解你我內心的樣貌，就連我們自己也很難完全了解自己的內心。我們對於自身身份的解讀也許不盡完善、不盡精準，但對自我的定義與解讀，必然會影響你我是如何看待自己的。

閉上雙眼，安靜下來，探索心靈的聲音。這樣的動作能幫助你我更牢牢掌握自己。若將心靈比做一道景色，相機永遠無法捕捉這道景色，身邊人的指手畫腳更不可能替你勾勒出你的內心樣貌。

正如蘇斯博士所言：「若生來注定與眾不同，何必委身求同？」沒有什麼叫做正常，某地方的習以為常，不代表所有地方都是如此（旅遊經驗越多，你會有越深的體悟）。
若有人看你的樣子不順眼，去改變那些人，而不是改變你自己。

若有人看你的樣子不順眼，
去改變那些人，
而不是改變你自己。

15.

每個人都有壓力

無論你感覺到的是恐懼、焦慮、寂寞、不安、苦痛還是緊張，這些東西都會讓你付出高昂代價。

負面情緒會傷害你的健康、心情、動力與生產力，甚至影響與人相處的能力。

我也沒辦法幫助你改善心情。不過外頭倒是有一堆江湖術士，各位也可以砸大把鈔票給這些騙子以求心安。我只能跟各位保證：每個人都有源源不絕的「洪荒之力」，可以讓負面情緒越來越負面。

人的比較心態便是不快樂的泉源。如果你恰好遭逢挫折，猛盯著看別人的人生根本無濟於事。每個人都有屬於自己的難關與課題，但大多數人仍能振作起來、在風雨中繼續過日子，這樣的人才叫大人。**一味注意他人，並將眼中所見與自己內心感受作比較，**

我保證你的心情會越來越糟。

他們也有須面對的鳥事，你也不必因此而覺得心情好一點了。我希望你體認到，這些鳥事是人生的一部份。生命並非歷經重重阻礙與挑戰後才誕生；生命本身便是一連串的阻礙與挑戰。

無憂無慮、無牽無掛、所有問題都能在二十二分鐘內迎刃而解的人生，只存在電視劇和電影裡。我想告訴各位：那些我們稱之為「問題」的事，其實大多根本算不上「問題」，而是「難以抉擇的困境」。我們生活在先進的國家，享有充裕的閒暇時間，但「困境」也隨之而來。對生活在先進國家以外的人來說，我們的擔憂發愁，於他們幾乎是奢望，因為他們光是忙著「活下來」便沒有什麼閒時間了。

我沒有立場對各位指手畫腳，評斷那些令你們夜半輾轉反側、內心忐忑不安的事物。但這些年來我清楚體認到：除了死亡一事以外（和一些極為少數的特例），問題的棘手程度不過是取決於實際境遇與個人心態。有時我們無法改變外在境遇，但我們永遠可以改變心態（或許你會覺得我這番話說得容易，做起來沒那麼簡單）。

既然死亡是必然，那麼一味擔憂死亡實在沒什麼意義。畢竟所有人終將一死。

這番話不是寫給各位看的，而是寫給我自己看的。我睡覺時會磨牙，害我臼齒隱隱作痛。壓力會引發磨牙，而我的壓力來源又是什麼？說穿了，就是一堆雜七雜八的人事物，但九十年後，這些人事物都將變得無足輕重。其實這些煩人的事物也幾乎還沒發生，真正的壓力來源反而是對過去的執念與對未來的恐懼。所有尚未發生的事，其實只是我憑空想像出來的壓力罷了（這就是想太多的人會有的缺點）。

不需要他人的同理，畢竟我們都得面臨屬於自己的挑戰與難關。困境並不好受，但成長必由此而生。

待在舒適圈內不會成長，待在成長圈內絕對不會舒適。舒適、成長，兩者涇渭分明，不可折衷，不像一個文氏圖（Venn diagram）那般可取交集。

不論各位目前面臨何種關卡，面對它，從中學習，並持續成長。你不會永遠卡在這裡。

生命並非歷經重重阻礙與挑戰後才誕生；
生命本身便是一連串的阻礙與挑戰。

16.
開闢自己的路

許多人是先看旁人擁有什麼，才來定義自己的成功。身為一位饒舌歌手，有許多同業讓我好生敬佩、想要仿效一番。這也沒啥不對，而且心懷大志也是人之常情，但我們有時會不知不覺落入「從眾」的陷阱：一味跟隨他人的足跡，只走在他人走過的路上。

上面這番話，並不是文青常掛在嘴邊的「獨創風格」（其實也沒自己講的那麼「獨創」），而是希望各位能了解：找到一條阻礙最少的路本就是人之天性。如果有一個人開闢了一條邁向成功之路，那麼之後肯定有一大堆人擠在這條路上，期盼能追隨前人腳步邁向成功。

但若能開闢一條屬於自己的路，那麼這條路必然較不壅擠。

每個人的目標大同小異。只要達到自己的目標，就能得到快樂。其實很多人都已成功達成目標了，但心中老覺得有些不足，於是又賣力給自己設立更多目標。如此這般經年累月、不間斷的反反覆覆，我們只能整日奔波，忙東忙西直至駕鶴西歸。

今天和強者我朋友約出來見面聊聊天，談話內容使我獲益良多。他長年在世界各地旅行，為的是追尋屬於自己的快樂。當我和他聊到自己目前手邊一拖拉庫在忙的事情，他問了我一句：「你想要什麼樣的人生？」我毫不思索地回答：「我想要每天都能騎腳踏車，可以將腦中的各種點子化為行動，實踐人生理想。」聽到這裡，這位朋友便囑咐我放下手邊那些對未來想要的人生無濟於事的事情。

整場談話得到的精髓，在於朋友不斷鼓勵我應將自己獨樹一幟的「快樂觀」分享出去。我的快樂觀之所以獨特，正因為它不是大家都想要的「功成名就、有名有利賺大錢」。大家老想：我要變快樂，只要有了名、有了利我就會快樂。但對我本人來說，快樂就是暖陽、正妹、騎腳踏車和創作才思。我當然戶頭得要有些錢才能負擔得起我想要的快樂，但我無須為了出名、賺大錢，鎮日汲汲營營。

各位若能越明白自己想要的快樂，知道專屬於自己的快樂是什麼，便能越清楚掌握方向，開闢屬於自己的人生道路。人生的先後順序隨著年歲有所不同，快樂觀自然也會改變。十歲、十五歲、二十歲時重要的事物各有不同，想法不斷在改變，到了二十五歲、三十歲、三十五歲，每個年紀重要的事物也會不一樣。實在毋須過於執著既定的快樂觀。也請各位謹記：若不能珍惜目前擁有的一切，不懂在擁有中找到快樂，那麼日後不論你得到多少，你也沒辦法感受到快樂。這是我對志向的想法，也滿酷的。只要理解「人生不可能處處順風」的道理，心靈自得安寧。

越了解自己，便越能走出獨樹一幟、專屬於自己的人生旅途。實在毋須盲目從眾，一味跟隨他人腳步，畢竟旁人想要的不見得就是你想要的。

毋須盲目從眾、一味跟隨他人腳步，
畢竟旁人想要的不見得就是你想要的。

17.

不要自我設限

人生路上最大的障礙往往是自己。我們的心永遠有辦法製造出大量的憂愁與恐懼，阻止我們向前行。待在舒適圈內也許對我們來說不是最好的選擇，但人們為了避免不必要的麻煩、痛苦，死命守著舒適圈，不願踏出一步。這類情況在感情關係上更為常見。從與舊愛分開，到試著找尋新對象，這段過渡期實在令人卻步。既然望之卻步，我們便毫不遲疑選擇避開這種麻煩事，乖乖緊抱著懷中所有。畢竟手邊擁有的才是真的，也是我們一直以來習慣的（舒適）。

但是，若你清楚自己想要什麼樣的人生，就算旁人都告訴你「不可能辦到」，也不要因此而退縮。其實你自己也會告訴自己「不可能辦到」，但我們更不能因此裹足不前，停止追求夢想。我們不需要被他人批評的言語左右，更不要自己批評、否定自己。一味否定自己根本無濟於事。如果察覺到自己有什麼需要改進的地方，那就停止自憐自艾，振作起來力求改進便是。

雖然又是一席說來容易做來難的話，但我不是來傳授各位什麼「簡單步驟做到好」的速成課。我希望能提醒各位，再怎麼老生常談的道理，都要記得實踐。努力是值得的，各位也絕對值得去努力、放手一搏。

人的想法對情緒、自我價值和反應能力有極大的影響，一旦體認到這點，各位便可逐步轉化想法和思考，讓自己變得更好。

錫克教上師那納克（Baba Nanak）曾寫下一席話：**戰勝自己的心魔，便能戰勝全世界。**

當人越能掌握自身內心世界，各位便會發現：我們在外在世界越能處之泰然。

我們不需要被他人批評的言語左右，
更不要自己批評、否定自己。

18.

時間會療癒一切，但要多久，不是由你說了算

任何大小事都有可能勾起不好的回憶：想起了前任或是錯過的某人、某段悲哀的往事、錯過的良機。這些不好的回憶湧上心頭，代表了你仍沒有完全放下。

當難受的往事湧上心頭時，我們只能告訴自己：還會覺得心痛，是因為自己還停留在過去。其實過去的早已過去了，但過往的苦痛之所以刻骨銘心，是因為自己還放不下。若不想被昔日的痛苦擊倒，那便專注在當下，畢竟此時此刻才是你我真正能擁有的時間。

白雪融化，枝葉生長，人自凋零……天下萬事萬物自有定時，不問你我是否有耐心等待。科技越發進步，現代社會越來越講求立即的滿足與回報，大家的耐心與專注也越來越衰退。

大自然不可能遷就你的腳步，既然如此，我們也許只能逐步適應世事的變化與消長。

欲速可能不達，甚至適得其反。不要試著麻痺自己的痛苦，你越想麻痺，傷口也許會越晚癒合。

專注經營與自己的關係，好好想想目前的自己有什麼需要改善。**沒有人比你更了解什麼是對你自己更好、更有益的**。我們的心靈潛藏著許多奧祕的力量，直待你我一探究竟。

我們無法命令時間停止，我們只能尊重、順應時間，如此一來才不至於無謂地沈浸在悲傷中。

不要試著麻痺自己的痛苦，
你越想麻痺，
傷口也許會越晚癒合。

19.

從饒舌歌手五角身上學到的一堂課

猶記當時初踏入音樂一行，我的創作內容唱著滿滿的美好理想。那時的我想要透過音樂的節拍與律動，撫平、療癒這世界所有的不安與紛亂。

漸漸我體認到一件事：人世間所有的醜惡幾乎皆是事出有因。許多議題往往不是二元對立。我發現思維簡單的人看事情的角度往往非黑即白，一件事不是「好」就是「壞」，但人生其實有很多的灰色調。

於是我決定與理想主義分道揚鑣，開始關注現實主義。現在的我唯一的目標是「理解」事物，而非妄加評斷、指手畫腳，仿佛自己有權干涉一切似的。

現實世界這四個字可不是叫假的。留點時間好好觀察、學習。真實人生的旅途必須邊走邊學，終點線上也不會如電影般出現載歌載舞的畫面。

若自以為早已看懂了一切，那麼通往世界的窗扉只會一一闔上，使你難有機會學習與成長。

這正是我從音樂家「五角」身上學到的：

「我一直吸收身邊的一切，從中掌握我能學到的。根本沒有學校會教這些人生東東呀！自己得夠聰明才能邊走邊學習、汲取知識。」

雖然大都知道，五角大大沒像我那麼有魅力（哈哈哈），但不得不說五角這席話實在是金玉良言，改變了我、讓我變得越來越好。

謝啦五角大大！

自己得夠聰明才能邊走邊學習、汲取知識。
根本沒有學校會教這些人生東東呀！

20.

想成為什麼咖，由自己決定

閱讀本書時，或許你常會覺得「哼，說得容易，做起來就不是那麼回事了。」當然，值得努力的事物怎麼可能簡簡單單就達到呢！正是因為它難，才值得努力。

在人生的旅途中，若我們不清楚自己是誰，社會上各種規範、組織、團體與他人便會忙不迭告訴各位你們究竟是誰。大眾媒體在潛移默化下影響我們的思考，我們被灌輸「應看起來像什麼」、「應帶有什麼氣質」、「應有什麼舉止」、「應有什麼談吐」、「應有什麼姿態」等各種五花八門的「應該如何」的觀念。其實就算各位對「自己是怎樣的人」有非常獨特的見解，也常會受到挑戰。

身為男人、女人、公民、饒舌歌手、名人、學生、員工……等等不同角色的意義，其實都是社會所型塑的產物。天性不過是次要的因素，唯有先天與後天交互作用，才能型塑出個人意義與定位。每個人都是先天與後天因素交互下的產物。若能發掘越多交互作用中的影響因子，我們便越能重塑自我。

人常誤以為自己的個性或心靈純由基因而定，一切皆源自於血源。但實際上，「你是誰」絕非天注定，我們自己在任何時候其實都可以做出改變。縱然改變非一朝一夕可成，但請謹記：「你」是概念建構下的產物，是可以有變化的。凡是被建構出的一切，其實也可以打掉重練。

「年紀太大所以沒辦法改變」這種話實在是笑掉人大牙。其實年歲越長，我們需要有所交代的人反而越少，越來越不需要為了適應旁人而改變自己。那些自認為無法調整和改變的人，若在獄中或是其他嚴苛的環境待段時間，就能體會到「堅持現狀不改變」這種自以為的特權，根本不管用。

就算有本事成為想要變成的人，也並不代表真的可以成為那樣的人。我們許許多多的「想要變成如何如何的人」，其實不過是外界灌輸的觀念。在關照自身內心和外界聲音之間，如何拿捏兩者之平衡實在是門學問。

有一點則是毋庸置疑：享譽盛名的人物往往都是一群充分發揮獨特風格的人。就算是沒什麼特色的角色，也都是仿效某個原創樣板人物而來。縱觀各創意工作者，有些人一味追隨潮流，但有些人則能開創全新潮流、引領風騷。

我致力於成為一位擁有自我風格的樣板人物。

各位也可以定期檢視自己，打掉不好的部分，重練與創造更好的自己。每一個不同「版本」的自己都有其意義：砍掉舊版本、以達到全新版本的「自己」不僅能幫助我們練習放手，更能避免自己沈浸在舒適圈內，畢竟舒適圈往往會妨礙了自我成長。

這也能讓我們對未來的每個日子抱持期待與興奮。我的五年目標便是希望在五年後回首今日，慶幸自己並未原地踏步。

各位有哪些部分是需要再加強的呢？又有哪些部分應該脫離、甚至戒掉的呢？

每個人都是先天與後天因素交互下的產物。
若能發掘越多交互作用中的影響因子，
我們便越能重塑自我，成為更好的自己。

21.

寂寞是種心境，不是狀態

有時候「寂寞」與「沒人陪伴」可能沒什麼關聯，寂寞是在自己在心中築起了一道高高的牆。

對寂寞的恐懼驅使我們在自我定位上不斷讓步、妥協，以為這樣可以讓我們和他人更靠近、心連心。但這麼做其實只是把「真正的自己」拘禁在他人設定的框架下罷了。於是我們離自己越來越遠，越來越不懂經營人生中最重要的關係——「與自己的關係」。

若能花越多時間了解自我、探索一己之內心，我們便越能與他人建立友誼、成就健全的人際關係。了解自我的人，不會一味仰賴他人填補自身內心的空洞，還能越發擁有「建立健全關係」的能力。而健全的關係，絕非奠基在極力壓抑個人對寂寞的恐懼感。

縱然身處人群，仍可能內心倍感寂寞；離群幽居，也能怡然自得、心平氣和。一味任由他人決定自身的心情實在是不可靠，畢竟人與人的關係會消逝、會改變，猶如四季的更迭。

先好好愛自己，再去想別人對自己的愛。唯有自己一切準備就緒，方能放膽去愛，而非自己覺得寂寞。才想找個人愛。

唯有自己一切準備就緒，
方能放膽去愛，
而非自己覺得寂寞，
才想找個人愛。

22. 別太相信自己的感覺

每個人都有自己獨特的行事風格，面對不同的情況，人人的應對方式更是大相徑庭。與其說什麼先天與後天之爭，這倒更像是在問：先天與後天因素彼此究竟是如何作用、型塑出每個不同的個體呢？

由於每個人都有迥然不同的生命經驗與腦神經網絡，兩者參雜之下，更讓我們難以理解自己有何感覺、為何會有如此感覺，以及為何在場沒有人和自己有一樣的感覺。

我不太確定還有沒有其他生物和人類一樣，把大量時間浪費在「過去」與「未來」之上。若我們一味遊走在過去與未來這兩個根本不存在的時空，內心的感覺也隨之起舞。某段時刻當下的「感覺」——特別是那些不舒服的感覺——恐對身心有害，實在不值得經歷。其實引發這些難受感覺的境遇和時空，不是早已事過境遷，就是根本還沒發生。

近來我開始花比較多時間去思考「為什麼我會有某些情緒」，而不是一味照單全收這些情緒。這樣的做法有助於我應對生活中一切大小事，效果真的不錯。

壓力和焦躁，往往來自於空想未來，設想「如果某某事情發生，就糟了」。這些想法足以讓我們嚇到不敢往前，根本無法好好善用潛力開創人生。

至於一味活在過去，只會帶來無數悔恨與憂鬱，全副心神不斷圍繞在「當初這樣或那樣就好了」的念頭打轉。這樣的想法根本忽略了一件再簡單不過的事實：那些你我追憶的時光早已一去不復返，過往經驗只能告誡各位務必習取教訓、不再重蹈覆徹，否則一再追憶、深陷過往，實在毫無意義。

有時候，我們的感覺經常與「眼前的這個當下」毫無關聯，反而與另一段時空相關。我們虛耗今日光陰回首逝去的過往，擔憂未知的明天。請各位務必記住一件事：**我們只擁有「現在」**。

幾天前我碰到了一個朋友。他也和我一樣，離開舒適圈，放下從前的安穩以追求自己熱血的夢想。他告訴我他也曾感到恐懼，害怕搞砸。為了克服這些恐懼感，他只告訴自己一句話：不要作繭自縛、不要自我設限。每個人的內心都有強大的力量，這股力量能助我，也能害我，端看個人如何巧妙運用。

我們不見得總有能力改變現實境況，但我們能改變心境，調整處世的心態。快樂是種感覺，不是目標。如果只有某種特定的境況或成就才能使我得到快樂，那麼我們只會依賴越深，猶如成癮一般，就像攀爬一座沒有頂峰的山，爬得越高，內心越空。

心情低落不代表我們要一直沮喪下去。**好好和自己對話，找出負面情緒的根源**。情緒低落往往與當下所處的時刻沒啥關係。努力清空腦中煩悶之事。與自我對話能把我們拉回到現在這個時刻，而值得我們關注的只有此時此刻。

情緒是種稀奇古怪的現象，特別是「愛」這種情緒。有一場 Ted Talk 演講十分精彩，內容闡述了「愛」的概念其實是種自然界的機制。「愛」讓配偶雙方能共同生活，養育後代，而這一切不過是為了確保物種的延續罷了，別無他意。

以上論述，各位當然可自行決定贊同與否。但我由衷期盼上述觀點可以促使各位靜下心來思考：**自己究竟為什麼會有某些感覺**。有些人認為感覺就是感覺，根本不可能解釋清楚。但其實我們有能力察覺到各種感覺與情緒的根源。若能充分了解各種情緒的來源，我們便能悠然面對情緒、處理情緒。這一切得靠各位多花點時間好好了解自身，了解自己的行事風格。

我們不見得總有能力改變現實境況，
但我們能改變心境，
調整處世的心態。

23.

事情也來得太快了吧！

一陣焦慮襲來，我們不知所措愣在原地。既然愣在原地，能採取的行動就越少。採取的行動越少，就會有更多事情排山倒海而來。越多排山倒海而來的事情，我們就越來越焦慮（以上惡性循環重複播放中）。

焦慮往往源自於內心的想像，想像有一堆該做到、但還沒做的事。無論何事，必先跨出小小的第一步，才能日起有功。

想要解緩「事情好多喔」的焦慮，就是邁開第一步，開始動手。站起來！哪怕只是做了一點點，也好過什麼都不做。

跬步可以至千里，保持專注、一步一腳印走好當下的路。別忘了路途中有許多值得學習的經驗，等待你我經歷、發掘。

還有，千萬別忘了要好好呼吸。深呼吸，放輕鬆，記得放慢腳步，別讓憂慮淹沒了自己。

哪怕只是走了小小步、進展緩慢，遠比什麼都不做來的好。

24.

我不認識你

雖然我不認識你，但你就跟我見過的大多數人一樣，**心中有夢想與抱負**。每個人的夢想不同，也許你是希望可以租得起法拉利跑車，或是買一台法拉利跑車每天開。先不談夢想的具體細節，畢竟若沒有好好計劃一下如何採取行動讓夢想成真，夢想終究是空想，根本毫無意義可言。

我們很會找理由、藉口限制自己，如此一來夢想自然不會成真。有時我們會自我催眠，一廂情願認為自己馬上就能完成夢想了。「馬上」的意思很多，也許是明天、下禮拜、下個月、等我有空的時候、等我有錢或是等我小孩長大。這些抽象又模糊的日子永遠不會來臨，但我們又覺得總有到來的一天。

根據我的經驗，各位其實只要閉上自己的鳥嘴，直接去做就對了。無須大張旗鼓詔告天下，不用講什麼「只要……我就……」，更不要拖拖拉拉。**開始做就對了**。不論各位在擔憂什麼，腦中設想的情境絕對更糟，但想再多對當下現況根本無濟於事。

再偉大的想法若少了具體執行計劃，一切也只是空談。（就算是在商界，你也無法做出別人的理念，只能複製別人的方法。）成功的祕訣並非是有個多麼了不起的點子，而是個人能深刻體認到自己才是行動的主宰者，就算旁人想仿效也仿效不來。你獨一無二，在千萬人中無人像你。**人生在世終有竟時，在有限的生命，如此獨特的你又能為這世界貢獻什麼呢？**

每天都有人能完成些了不起的成就，但少有純靠運氣而成的。成就的背後是投注了多大的心血與努力，一般人往往難以理解。看到別人的成就，我們可以選擇有幾種不同的反應：我們可以任由自己一邊沈浸在嫉妒的情緒中，一邊用各種理由安慰自己為何成功的不是我（或是想得更惡劣些：那些人根本不配成功）；各位也可以將他人了不起的成就用來激勵自己，這些人的成功證明了我也能實現看似再遙不可及的夢想。你會發現一件事：幾乎所有的改變都來自於心念的改變，而非外在環境的變化。

二〇〇九年我發行了第一張唱片。每條音軌、旋律、演唱、後製、錯誤以及唱片發行都是邁向夢想的小小步。一切始於第一個步伐。你不需要知道如何踏上夢想的每一個步伐，**你只要開始跨出步伐**，就對了。反正九十年內你的生命終會逝去，開始行動難道真會讓你現在少一塊肉嗎？

一旦開始動起來，所有的限制、滿腦子「這不可能」的念頭都將一一消失。做起來當然不容易，但任何值得放手一搏的成就自然都不容易。

打從我開始相信自己、而非相信他人的那一刻起，我開始有了突破，人生能有些進展大都得歸功那一刻。我覺得各位也能和我一樣。別再為自己找藉口了。

你的夢想、抱負是什麼？你要怎麼踏出第一步呢？

一旦開始動起來，所有的限制、
滿腦子「這不可能」的念頭都將一一消失。
做起來當然不容易，
但任何值得放手一搏的成就自然都不容易。

25.

事物的本質

在錫克教教義裡，有個概念叫 Hukam。

有些人將之詮釋為「神聖秩序」，信徒不可質疑、並應全盤接受。我個人則是將它理解成「萬事的本質」，我們應理解、並與 Hukam 和諧相處。

一陣風吹來，別抱怨有風，別任憑風把自己吹倒，也別一味和它對抗。順著風吹的方向就好了。腦子夠清楚的話，你知道唯一能做的事也只有適應了。多學習這個現實社會的一切，多了解其背後的運作，這最有助於我們提升適應力，讓我們為人處事更有智慧，以達到人生的夢想。

必先認清**現實為何**，各位才有餘裕談自己**想要什麼**。現實究竟為何有待各位親身去經歷去探索，他人難以傳授。唯有了解現實，你才能更會掰彎湯匙（看不懂這則指涉的人不能跟我做朋友）。*
務必記住，能生存下來的絕非最強壯、最剛強，而是適應力最好的。

必先認清現實為何，
各位才有餘裕談自己想要什麼。

*按，作者在此似指涉電影〈駭客任務〉的橋段，劇中人物用念力掰彎湯匙，但湯匙其實根本不存在於現實。旨在描述人無法控制現實，能控制的只有自己。

26.

金錢這玩意兒大有深意，值得玩味

許多阮囊羞澀的人不是一味崇尚金錢，就是刻意貶低錢的價值。而有些富人要麼覺得有錢是理所當然，要麼視金錢的積攢如記分板上的分數，畢生努力賺錢。

金錢是工具，是資源。大家不應刻意貶損資源的重要性，畢竟我們需要資源，我們想要獲得資源，除了睡覺以外，幾乎每時每刻都在追求這份資源。如果世界是座龐大的圖書館，僅採信任制度讓每個人取用各項資源，那麼大家當然不需要金錢了。不過現實並非如此。

錢是靠自己雙手掙來的。有人說金錢是萬惡之源，但我個人更贊同馬克吐溫（Mark Twain）對金錢的見解：「缺錢才是萬惡之源。」問題又來了，到底什麼是「缺」呢？「缺」一字的定義實有百百種。我們的生活其實都是過度消費。今天許多我們視之為「必需」

之物其實是奢侈的享受，同時間世界上有許多家庭每天只能靠不到一美元過活。我看過一則報導：印度一位農夫因為還不起高達三百美元的巨額貸款而自盡，因為這筆債務他得花九十年才能還清。

金錢不過是種被建構出的概念，但人人皆一窩蜂隨之起舞。若能保持正確心態善用金錢，金錢能做好事。若利慾薰心，錢便會帶來許多問題。貪得無厭、唯利是圖之人永遠不會滿足，傾盡一生只為累積更多的金錢。知足的人沒有過多的慾望，無論順境逆境，內心皆能常感喜樂、平和。

我很清楚當我自己想要的越少，反而會比得到許多東西來得快樂。我不是理想主義者，我明白這世界的本質以及資源的重要性。人一朝心懷慾望，便想要擁有一切錢、權；想要擁有一切，人人便陷入永無休止、爭名逐利之漩渦。

千萬不要將貪婪與雄心壯志搞混了。貪心的人想要不勞而獲，不願面對、看重成就背後的努力與辛勞。

你與金錢的關係，由你自行決定，千萬別讓他人為你決定金錢對你有無意義、意義為何。家人與朋友便是我的財富，我希望自己能給他們財務上的支持，幫助他們完成夢想。

金錢對你的意義為何？

我很清楚當我自己想要的越少，反而會比得到許多東西來得快樂。

27.

每克服一種恐懼，就是多獲得一項實力

生活在這多彩多姿的世界，如果我們只是一味窩在同溫層，只和跟自己行為舉止、言行思想相仿的人打交道，豈不枉費了這多彩多姿！這樣過生活的意義又是什麼？

良好的關係並非建立在共同的利益之上。良好的關係應是建立在共同的優先順序之上。**若你首重學習與成長，那麼你的人生經驗值必會大幅增強。**

近來我已經不介意自己與眾不同，也不會刻意回避不舒服的感覺。想盯著我看就看吧，別人盯著我的時候，我也能趁此良機練習練習與人眼神接觸、相視微笑。最近一次的「練習機會」是我在演唱會上碰到的：有個白人猛盯著我看，相問之下才知道原來他曾在印度旁遮普邦的首府昌迪加爾（Chandigarh）住過四個月，因為太開心看到有我這旁遮普人了，才會一直盯著我瞧。還有一回我在多倫多暴龍隊的比賽，有位老兄超想要知道我到底花了多久「留出這些鬍子」。

我是印度旁遮普人——我們也會盯著眼看人，但別人會感到不太舒服。

跳出同溫層。不舒服就不舒服。儘管犯錯。尷尬就尷尬。反正我們終將一死，沒什麼了不得的。

跳出同溫層。不舒服就不舒服。

儘管犯錯。尷尬就尷尬。

反正我們終將一死，沒什麼了不得的。

28.

相信自己的雙翼

有句名言是這樣的：枝頭上的鳥兒之所以能穩穩站著，憑恃的並非樹枝不要折斷，而是有賴自己的一雙翅膀能讓自己安全。世間萬物大多不在你我的掌控之中，故我們應該靠自己，而不是倚仗難以掌握的世事。沒有人能許你一生無災無難，真要賭的話，賭你一生必有風雨還比較神準呢！

我們無法預知，也無法掌控自己的際遇，但我們能選擇努力，選擇如何面對各種境遇。若要有副可靠的雙翼，好好訓練雙翅的肌肉，加強抵抗力，持續不斷的訓練才能增強肌力。強壯的翅膀與歲月的洗鍊息息相關：隨著年歲增長，見多識廣了，越能不驚波瀾，越不容易大驚小怪。第一次的心碎猶如天崩地裂，但這能幫助我們面對下一段新的感情。若你一生尚未曾為情痛徹心扉，請記得之後情傷來臨的那天也要心懷感恩。縱然撕心裂肺，你必然能從中有所學習與成長。

我們往往花了太多的心力去擔憂樹枝會不會折斷，而忽略了自己對環境的適應能力。縱然樹枝斷了，我們其實也能好好的。我曾讀過一句話：「擔憂就好像在為一個可能不會發生的問題付定金。」

我並非要求各位一廂情願以為所有事情都是船到橋頭自然直，這對活在現實世界的人來說太理想化了。我希望各位能對自己有信心，堅信自己是有能力面對、處理各式的挑戰。

我常需要在許多觀眾面前表演，面對台下那麼多觀眾，我發現當我準備越充足，焦慮指數便越低。若上台前一切準備就緒，我對自己接下來在台上要做的工作往往感到得心應手，比什麼都沒準備、卻要上台表演的感覺好多了。聽起來根本陳腔濫調，但真的很有道理：「抱最好的希望，但做最壞的打算。」就算事事一切順利，仍應謹記為最壞的結果做好準備。一旦有什麼狀況發生，便能減低傷害。無需全然信任、倚仗這個無法掌控的世界，只要相信自己能盡其在我、全力以赴度過每個難關。

無需全然信任、倚仗這個無法掌控的世界，
只要相信自己能盡其在我、全力以赴度過每個難關。

29. 你有各種理由鬱鬱寡歡、心情不好

但也有各種能讓你開懷大笑的理由。

我當然不會清楚那些讓你開懷大笑的理由、場合和狀況的具體細節，但我知道：只有你能決定自己的注意力在何處。

若一味專注在哪些事情不符自己計劃、不合自己期待，便很容易忽略事情的全貌。滿腦中想著自己得不到的東西，然後鬱悶不樂，根本是浪費人體寶貴的熱量。選擇心心念念記掛著得不到的事物，我們的鬱悶心情就會像滾雪球般越滾越大、越滾越悶，苦痛似也越來越強。以上情形便是俗稱的「惡性循環」。

快樂的心情可以由自己決定，方法無他，便是將注意力擺在生活中的一切美好事物。美好的事物可以很簡單，不妨從這裡開始：你還在呼吸，而由一坨一坨的肉組成的身體

能利用每一次的吸氣吐氣與血液合作，讓身體各器官機能持續運作（包含看這本書時得用的眼睛和腦袋）。

心懷感激的人較為快樂。各位可以從**現在**開始列出一份清單，寫下幾件讓你感恩的事情。

噢！有沒有搞錯……現在嗎？沒錯，就是**現在**。

讀到這裡，可能有些人正心情鬱悶，因為害怕受傷，所以壓根兒不想試什麼感恩清單這種玩意兒。當我們長期沈浸在某種苦痛中，久而久之便會催眠自己：這份苦痛也是屬於我們的一部份。而這愚蠢的念頭會妨礙我們療癒傷痛的腳步。

在此給各位兩百趴的保證：唯有打破不變的循環、把自己放在一個新的位置（不過新的位置可不會很舒服），才能改變和成長。不要害怕不舒服的感覺。當你還是個小寶寶時，第一次的爬行也是不舒服呀。從小到大學走路、學跑步、學騎腳踏車、學習閱讀和寫字，每一次的學習都伴隨著不舒服的感覺。不要害怕捲起袖子下點功夫做事，千萬不要僅僅因為這份害怕便阻斷了自己的成長機會，你有機會過上更好的生活！

我們往往忽視了生命中各種美好事物，久而久之漸漸自我催毀了快樂的感覺。這便是烈士情結（martyr syndrome），誤將自憐自艾當作是愛惜自己的表現，但這份情節只會讓自己與身邊的美好和幸福離得越來越遠。

當我心情不好時，我會讓自己投注在藝術和精彩的圖像裡，這些美好的事物令人嘆為觀止，也能為我的創作帶來新的靈感。有時我會放起音樂、戴上耳機，擺動身體、舞掉不快。有時候我會沐浴在陽光下，輕閉雙眼、深呼吸，告訴自己：「既來之則安之，忍著點！往前走就對了。」之後張開雙眼，回去繼續工作。

心情不好有千百種理由，但心情好也能有千百種理由。決定自己的人生想要什麼，各位要知道：自己的心情，只有自己能負責。

我們往往忽視了生命中各種美好事物，久而久之漸漸自我催毀了快樂的感覺。

30.

軟綿綿的枕頭和真相

你一定很清楚這種感覺：大清早猶沉酣夢鄉時，忽然聽到鬧鐘聲大作（或是你媽媽大聲獅吼），此時便得做重要的抉擇。究竟該把屁股挪離床呢，還是繼續裹在溫暖的被窩中呢？

說時遲那時快，現實瞬間擊來，你還是會迅速從床上彈起。畢竟你很明白床鋪再怎麼舒服，自己也得跟軟綿綿的床揮一揮手暫別，迎接一天的挑戰。說來是幸，也是不幸，世界上有許多比躺在床上更重要的事情。

上述是各位與枕頭的「互動關係」，但其實我們人生中也有許多類似的情境。說是舒適圈也無妨，而舒適圈就像那軟綿綿的枕頭。**地球持續轉動，若僅待在舒適圈內，對你我並無助益**。生命中，當自己單獨處於陌生、又有點恐怖的境遇時，往往最能自我成長，進而有所成就。許多時候我們被迫面對、或是意外遭逢難關與挑戰，必須得適應環境或突破自我，個人方能有所成長。

對我們這些活了幾十載的人來說，面臨的難關可能是第一次（第二次、第三次、或第四次）的心碎。對其他人來說，可能面對的則是如何適應高中生活、被炒魷魚了、在新的城市展開新生活，或是與至親至愛之人的死別。

筆者最近體認到，其實自己的舒適圈根本不是個有範圍的「圈」，而比較像是種「頻率」。這指的不是我個人的內心小世界，而是我選擇如何看待、面對生活周遭的一切。

我一向以誠待人，務求實話實說。但不久我便體認到還有比實話實說更重要的事：我應該先看清楚事物的本質。雖然我心裡清楚這是實話，但這樣的領悟實在不怎麼好受。三番兩次受人利用之後，我發現自己竟然「渴望」謊言，這些甜如蜜的謊言根本不合常理，但我聽到了自己想聽的話，就輕信於人。

甜如蜜的謊言就像軟綿綿的枕頭，既舒服又窩心；而殘酷的事實就像寒意逼人的冷水澡。政客大放厥詞、胡言亂語一堆空頭承諾、政見和未經證實的發言，明眼人一看便知其漏洞與缺誤，但我們卻看不清、道不明。這些政客根本無心於自己發言內容是真是假，他們只在乎發言內容的吸引力和聳動程度。人們不在乎歐巴馬到底有沒有關閉關塔那摩灣監獄（Guantanamo）、也不在乎歐巴馬空襲巴基斯坦的次數比布希多。政客說出的話都是人民想聽到的話，巧言偏辭遠比兌現承諾來得有價值多了。空口說白話遠勝白紙黑字的事實。

我們都覺得政客騙不了我們，我們不會輕易為宣傳話術蒙蔽，那些漫天文宣、一筆又一筆花在廣告行銷上的錢財都是為了矇騙其他人、其他蠢貨。但其實我們都是蠢貨。他人塑造了我們如何看待自己的方式，這也造就了我們與他人的關係和互動。人人都想聽自己想聽的話，聽起來既舒坦又窩心。一旦被人抓住這個弱點，被灌迷湯灌久了便聽信讒言，可獲益的其實是那些對我們灌迷湯、說謊的人。只聽自己想聽到的，那麼久而久之我們也落入了自欺欺人的圈套。

謊言之所以讓人神魂顛倒、倍感舒心，還有一個原因：簡單明瞭、淺顯易懂。事實真相往往無法用三言兩語說清楚，但我們疲憊不堪的內心想聽到的卻是善惡分明、非黑即白的版本。真相錯綜複雜，而錯綜複雜的東西讓人頭疼。既然如此就把事情講得越簡單越好，再弄個懶人包出來告訴大家該怎麼想，就完事了。

「她其實沒那麼喜歡你」、「這活動根本不會幫助你達成目標」、「雖然你跟他認識很久了，但他這個人心術不正，你得離他遠一點」等諸如此類的真話其實我們心裡都有數。這些真話讓我們內心交戰，最後逼使我們離開軟綿綿的枕頭，將我們扔進寒意逼人的冷水浴，在人生的旅途上繼續勇往直前。稱之為內心的聲音、直覺、上帝或是理智的聲音也罷，想叫什麼就叫什麼，各位高興就好；只要記得聆聽心裡的話。聽起來越讓人不快的話，各位就該有數這便是自己一直逃避的真話。

甜如蜜的謊言就像軟綿綿的枕頭，
既舒服又窩心；
而殘酷的事實就像寒意逼人的冷水澡。

31.

是無知，還是無感？

我來跟分不清兩者差別的人解釋一下：

無知（ignorance）＝**我不知道**。

無感（apathy）＝**我不在乎**。

每當大家討論到仇恨犯罪（hate crimes）等事件，「無知」一詞便隨處可見。人們心中有個假設：如果當初能再好好教導大家尊重每個人的差異，便能阻止悲劇的發生。

有一次我在紐約布朗克斯區碰到一個小男孩，他走向我並用阿拉伯語說了聲：「祝你平安！」這個小男孩年紀還小，看不出我其實不是穆斯林。但這樣的無知其實無傷大雅，因為這個小男孩的本意是想和我說聲哈囉，釋出善意。小男孩不過是想找個方式和我打招呼而已。

教育只有對真心想學習、想開闊自己的視野和心胸的人來說才有意義。正因如此，無感才是一切悲劇的元凶。始作俑者並非無知，而是有人根本不在乎、也不想多了解什麼。

大眾媒體常把特定群體加以妖魔化，此時大多數的人想不都想便照單全收。批判式思考、批判式論述蕩然無存，沒人想要了解事實。

有些人會用自以為的「公正和正義」，對待與他自己不同的人。這種人，光靠一個「理解他人」的口號恐怕不可能讓他改變。若人民活在彌漫著恐懼的社會氛圍內，那麼統治階級則大有私益可圖。憎恨、種族歧視、性別歧視、戰亂、暴力等種種醜惡的暴行皆是能讓人民乖乖聽話、有效維持秩序的工具。正因這些工具「好用」，種種暴行才會繼續存在。而無感的群眾自掃門前雪，不怎麼在乎他人，便是一切暴行的罪魁禍首。

如果我們執意要分出「我們」和「他們」，一切永遠都是「我們」和「他們」。就算我們不想再分了，對方仍可能一意孤行，只分你我。認清這個事實，也要尊重這個事實。

世界的樣貌由你我打造。從肯亞移民到美國的醫學專家普拉佐特．辛格（Prabhjot Singh）教授近日在紐約哈林區受襲後的一番言論讓筆者佩服不已：「老實說，現在除了心存感激以外，我實在想不到該有什麼更好的反應了……之所以心懷感激有幾個原因。如果攻擊我的人下手再重些，我現在可能沒辦法清醒的在這邊說出這番經歷。如果他們早了三十分鐘對我下手，那麼可能也會傷到我的老婆和一歲大的兒子。如果他們是在別的地方攻擊我，可能就不會有路人來救我。」

我們無法掌控他人究竟是無知還是無感，但我們可以時時檢視自己，避免無知與無感。一切先從自己做起吧。

我們無法掌控他人究竟是無知還是無感，
但我們可以時時檢視自己，
避免無知與無感。
一切先從自己做起吧。

32.

「比較心態」猶如致命殺手

如果我們不了解自己，便不能真正做自己。一味透過與他人較勁以求了解自己的人，根本不懂真正的自己。

我們永遠不可能清楚、也不需要清楚別人正經歷著什麼樣的問題、鳥事和壓力。有時間一味盯著別人的人生，倒不如把時間好好拿來探索內在的自我。

我知道這很難，畢竟我們一天到晚都能看到周遭有些人混得很好。在一個倡導「跟上別人」的社會文化中，耳濡目染久了，我們便一心想要追上他人的腳步。但其實根本沒有什麼東西要趕上，也沒有什麼人需要追上。

與其和別人較勁、比較，各位應該試著和他人建立關係連結。多與他人建立關係連結，便越能了解這個世界、了解你自己。透過與他人的互動關係，我們能更深入了解自己，發掘出自己從前沒發現的其他面貌。

想要當個快樂的人，須得懂得欣賞、珍惜自己人生中的美好。如果只是一味羨慕別人的人生，而不懂得找出並珍惜自己生命中的美好，那麼你的人生也只剩悲慘二字了。

和昨天的自己比較，記得為自己的進步鼓鼓掌！你的人生旅途會有許多的美好。

與其一味和別人較勁、比較，各位應該試著和他人建立關係連結。

33.

高期待、低耐心

我們想要的事，都希望馬上到手，一刻都不想等，人類早已習慣許多事物皆能快速到手。世界越快，我們的耐心卻越來越低。

現在的小孩往往只要出席就可以獲獎。若想讓這些小孩明白辛勤耕耘才能享受收穫，恐怕得費不少勁。生活在這種一味崇尚快速和便捷的文化裡，想成就偉大恐怕是越來越難了。

你想要減重，秘訣就是得辛勤努力、肯花時間才能看見成果。想要加倍的效果，你得加倍努力，花的時間也得加倍。祕訣聽起來很簡單，但別以為真的易如反掌。請謹記這句話：知易行難！

萬事無論大小都需要時間，如果各位一心只求快，沒有耐心十年磨一劍，人生恐將一事無成。學走路、從人生第一次的情傷中走出來、完成學業……這些值得努力的一切都需要時間。

開始動起來吧！運氣就是準備加上機會。**每個人都有股強大的內在力量**，得好好訓練、磨練，方能激發出強大的潛力。

決定好自己想要什麼，專注夢想，無論步伐有多小，都要一步一腳印踏上完成夢想的道路。用上述的話鼓勵周遭的人，支持他們也完成屬於他們的夢想。

有些人不希望你實現夢想，但他們不過是把自己的恐懼和無能為力的心態投射在你身上罷了。當你發現自己也會勸退、看衰他人的夢想時，請問問自己：若他們真能成功做到，那我到底在害怕什麼？

無論燈泡、網路、汽車、還是微波爐，這些都不是天生就有的東西。這是一群人先有夢想、繼而創造出來的產物。只有自己才能給自己設下一堆無意義的限制和規定。每個人達成夢想的方式都不一樣，不能一體適用。希望閱讀本文的各位能下定決心改變自己的人生，哪怕只是走一小步也好：跬步終能至千里。

萬事無論大小都需要時間，
如果各位一心求快，
沒有耐心十年磨一劍，
人生恐將一事無成。

34.

用自己喜歡的方式來做善事

做善事助人並不難：無須申請，沒有人數限制，更不用為了達到目的不擇手段。但如果想幫的是自己，那就不一樣了。

行善助人不一定要成立慈善組織、找名人站台或是設立臉書專頁。唯一要做的就是挺身而出、開始行動就對了。我在婚禮場合遇過一個攝影師，他將自己收入的一半都拿出來幫助需要幫忙的人。其實他的經濟狀況沒有非常好，但他只是淡淡說道：「如果要等到我無須為錢煩惱後才開始助人，我想永遠沒有那一天吧！」

行善助人絕非只有捐獻一途。有些人認為關懷特定議題便是助人；走上街頭抗議也是助人，深入現場貢獻力量也是助人。**每個人對「行善助人」的定義為何各有不同，怎麼定義也都無妨**。行善助人的活動不勝枚舉，但無論是哪一種，都能發揮影響力。

有些人想要搶救熱帶雨林；有些人想要讓所有的孩子都有乾淨的飲用水可用。有些人想要拯救鯨魚、而有些人則想要消除性暴力。需要幫助的對象成千上萬，而有些人只會受到與自己狀況類似的對象鼓舞、啟發，進而伸出援手。並不是所有人對非洲的飢餓問題有感，也不是所有人都知道印度次大陸的飢餓問題其實較非洲更為嚴重。這些問題絕非輕易可解。無論是哪些問題觸動了各位的心，起身幫忙就對了。至於那些各位比較不感興趣的問題，只能默默期盼、有待他人來幫忙了。

談到行善助人，一般人往往就覺得這是無私的行為，但我個人覺得這根本是迷思。就算是行善事，我們也會挑些做起來自己心裡很有感、可以得到滿足感的善舉，而這也沒什麼問題。但若我們強加個人意志、想法在他人身上，這就成了一個問題。就算別人不像你那麼熱衷於保護金字塔，也別氣的捶牆壁——做好自己想做的事就可以了。

請相信自己也能發揮影響力，但也無需因自覺內疚而加入一項自己根本不感興趣的善心活動。人人都在追求自己的利益，這聽起來也許很不浪漫，但事實本就如此。千萬不要覺得自己得委屈迎合他人的利益，顧好自己的利益才是正理。

無論是何種原因促使各位行善助人，請務必在行動前先做好調查，畢竟世上有許許多多利用他人苦痛以謀取私利的騙局（如〈柯尼 2012〉這部影片引起的爭議）。＊

這世界並非黑白分明，很少有所謂「絕對的大好人」和「絕對的大壞人」。請接受教育，務必善用自己的力量、盡全力為自己想做的事情發揮影響力。

行善助人並不難，為他人開門、花時間傾聽他人心事、或是給他人一個微笑也是助人的善行。

請相信自己也能發揮影響力，不必理會旁人的閒言碎語。

*這是一部由非營利組織 Invisible Children, Inc 拍攝的紀錄片，於二〇一二年發佈於網路上。內容主要闡述烏干達軍閥柯尼（Kony）慘無人道的暴行，據影片所述柯尼綁架兒童，女孩成為性奴隸，男孩則成娃娃兵。發佈後極短時間內全美湧現大批聲討聲浪，但影片內容被人發現有不盡不實之處，引發極大爭議。

35. 來聊聊各位的信念吧！

這時可能會有些人在心裡嘀咕：「誒誒誒不准挑戰我的信念！你快要越界囉！你得尊重我的信念。」

老子我擺明了就是要挑戰你的信念。

我根本不知道你有哪些信念，我其實也不是很在乎你的信念到底是什麼。我比較在乎「信念」這個詞的概念。

「信念」不過就是你我不想深入檢視的一堆觀念與想法。信念一詞牽涉甚廣，可能指涉的是我們最喜歡的運動球隊、政治意識形態、靈性哲學或人生態度。

人們往往深以自身信念為傲，擁有特定的信念彷彿是了不起的成就。而「信念」一旦與「傲」字扯上邊，大家便會將信念和自己的身份認同緊密連結，這就值得令人玩味了。

一旦將自己的身份認同與信念綁在一起，就無法分清「自己」和「信念」的不同。這種人若聽見有人批評他們的信念，便會氣噗噗掉頭就走。照理來說我應該舉些例子給各位聽，不過我相信這樣講已經很清楚了。

信念越堅定，我們越會固守執念，聽到意見相左的言論越加不快。事實固然擺在眼前，人人可見，但我們仍牢牢堅守信念。有時我們對這些信念過於執著，不知不覺便忘了思辨、反思，一味堅持己見。

當我意識到這一點後，我的人生觀有了極大的轉變。我曾不容他人質疑自己的信念和想法，後來我發現自己只是想要與意見相同的人打交道。其實爭的不是信念本身，畢竟我曾堅持的那些觀念是別人灌輸給我的，我只是因循舊習。但我仍堅持己見，漸漸將這些信念視為自己的一部份，一旦有人挑戰自己的信念和想法便倍感威脅、渾身不自在。

但後來我體認到自己的心胸變得何其狹窄，且見識淺薄、逐漸喪失了學習的能力。於是我決定不再固守執念。現在的我，信奉著「**我非全知**」（**I-don't-know-ism**），遇到的任何人都有可能是我的導師，每次的相遇也許都是場冒險，都有可能有值得學習之處。

人們習慣把自己和信念綁在一起，根本無法想像要是抱持相反信念又該怎麼過生活。

這些人關上了心扉，若是有人不贊同他們的信念，就覺得對方是衝著自己來的。我其實不怪這些人，畢竟誰不享受「一呼百應」、人人心悅誠服的感覺呢？堅定的信念就像舒適圈，縱然身處其中有著滿滿的熟悉感，但其實是自我成長的墳墓。

這一章不是寫給所有人看的——唯有願意敞開心胸、接納異見的讀者才看得下去。寫這章的目的是因為我知道有些人急欲擺脫幼時灌輸給自己的一些成見，但又無所適從，惶惶不安。但我想跟各位說：千萬不要害怕。勇於承認自己的無知，便是最大的智慧。

煩請各位動筆寫下你珍視的信念，並問問自己這些信念究竟從何而來。接著再捫心自問：自己能在腦海中想像拋開這些信念後的生活嗎？我個人打從在踏上謙卑詩人這條路開始，便想好了一個截然不同的自己。當時有幸能旅行各地，還能和願意交心、挑戰我想法的人打交道，我才漸漸意識到其實很多原本固守的觀念都是別人灌輸給我的，而這些觀念往往不適合「我」——如此獨一無二的我。

「你」並不等於你的信念。

如果別人的信念和你不一樣，請不要覺得自己被冒犯。也別以為將自己的理念強加在他人身上是件大有益處的事。如果有什麼理念是你覺得不可割捨的，請格外留意這些信念。

時時檢視、反思我們與自身理念的關係，這樣做對自己會比較好。無論是何信念，都有可能潛移默化各位、帶領著各位航向終生學習、充實自己的航道。

這一章恐怕不會是本書最受歡迎的章節，但我覺得沒關係。若有人和我意見相左，我也覺得很感激。因為這會是我很好的機會脫離舒適圈，追求自我成長。

「你」並不等於你的信念。

36.

鍛鍊心智，讓你的心更強壯

一切的挫折與磨難都能造就更好的自己，心靈因試煉變得更堅強、更坦然。

遭逢挫折的當下心裡當然不好受，挫折發生後也還是會覺得難受，但那又如何？心裡不好受是難免的，但遭遇挫敗後各位有能力重新站起來，脫胎換骨成為更好的自己（或是不堪打擊，弄得自己身心俱疲、內心千瘡百孔）。

「平衡」乃世間的運行法則。

船到橋頭自然直，但一切的進展節奏往往非我們這個世代——這個唯我獨尊、凡事要快快快、給我給我給我的世代——所能掌握。不過請謹記：**一切終能達到平衡，傷疤一定會復原**。

別忘了，心碎之後的巨大力量。你絕對有辦法可以安然熬過心傷，重新站起來。別困在心碎的那一刻，那一刻其實早離你很遠很遠了。

別忘了心碎後能帶來的力量，
你絕對有辦法可以安然熬過心傷，
重新站起來。

37.

越能放得下，得到的也越多

有時無須一味追尋快樂，只要留點空間給快樂，快樂自然就會來臨。我們的內心若滿載焦慮、悔意、怨恨與擔憂，何來微笑的空間呢？

有些人以為快樂與否全憑自身的處境而定，其實不然：心情的好壞，端看各位是如何應對人生大大小小的不同境遇。

念頭偶有消沈，本是尋常，但往往造成我們放不下，有時連事情早就過去了，憂愁依舊縈繞心頭。

放下過去吧！也許未來有些苦痛你能明白，但也有些苦痛你永遠不明白。我們自然會想釐清這所有苦痛的來龍去脈，但若執著非要搞清楚不可，會使我們無法好好享受當下的一切。

過去的就讓它過去吧，總有一天你會從中學習並成長的。請把焦點放在現在——這才是唯一能操之在己的。

有些人以為快樂與否全憑自身的處境而定，其實不然：心情的好壞，端看各位是如何應對人生大大小小的不同境遇。

38.

心碎是每個人的必經歷程

突然被迫離開自己珍惜的環境，被扔到一個全然陌生又讓人感到冷清的環境，心中都有可能感受到強烈的苦楚。當下的你覺得自己一文不值，孤單又驚恐。所有從前自己所熟悉、所希冀、所了解的一切都在瞬間消失殆盡。

我也心碎過，一次還兩次吧，或是三到四次……好吧，我也數不清了。第一次受傷後我心想：撐過去吧，第二次受傷就不會感覺那麼糟了。但我當時萬萬想沒料到，每次心碎的感覺都不同。第一次能擊倒你的，不見得第二次也能擊倒你。但別忘了，總有更新且更強烈的打擊會將你擊潰在地。

我曾被朋友、商業夥伴和女人傷過，但我很幸運不曾被自己的親人所傷。有些讀者可能曾被親人傷害，這種背叛的感覺的確糟透了。如果讀到這裡你們覺得舊傷疤被掀開了，先跟各位說聲抱歉，但誠如我之前說過的，這是必經歷程。

受傷的心就像內心的傷口，而不論是何種傷口，你能做的其實很有限，只有時間才能掌握大部份的一切。**時間會療癒一切，會揭開一切隱藏的事，但並不照著你的節奏。**而傷口在完全療癒以前，生活看來是如此的艱辛，一切令人難以忍受，如此無助。

我只想和各位分享一些我在低潮時刻所領悟到的一些道理。這一切都不容易，但縱然時光不斷前進，仍值得謹記，將大有裨益。若你正經歷心碎的歷程，應該對以下的心得很有共鳴。也多虧了這些領悟，讓我個人深深感激有過心碎的經驗。

- 你的心其實是身體器官，它沒有碎裂，但你承受的壓力（加上睡眠不足、倉促魯莽的決定）會大大有損身體健康。記得顧好自己的健康。酒精也許看似能麻痺一切痛苦，但不過是使人消沈罷了。久而久之，人可能會不知不覺依賴酒精，沈迷於危險的杯中物。我一個舅舅在離婚後死於酒精成癮。酒精和心碎實在是致命組合。
- 就算你被甩、被劈腿（或更慘的打擊），務必謹記任何關係之所以會結束，是因為雙方對於互動相處和人生優先順序有了歧異。千萬不要將彼此的不合歸咎於你個人的問題。如果有人把你甩了，也許是因為彼此不合適，或是你無法給對方他想要的。

就算對方親口跟你說：「你根本一無是處」，也絕非事實。你絕對不是一文不值。就算連你自己也覺得自己沒用、什麼都不值，事實也絕非如此。只有自己才能決定自己的價值。千萬不要讓別人決定你的價值。如果你不懂得愛自己，就別肖想從別人那兒得到愛。

- 遭人背叛代表對方無法信守承諾。承諾內容可能是自己所詮釋出來的，或是雙方已說清楚講明白的。不論是哪一種承諾，每天其實都有人不遵守，而我們卻忽視了這一點。這正是被毀棄的誓言之所以能傷得人痛徹心扉、體無完膚的原因。因為心有期待，所以才會感到失望、沮喪。若能對他人的期待越少，便越不容易為人所傷。
- 不論各位內心有多抗拒，有多不願意承認，**當下**才是各位真正擁有的。昨日已去不可留，未來尚難知曉。既然唯有**當下**才是我們真正擁有的時刻，必得珍惜、專注在當下。當計劃趕不上變化，我們往往會感到恐懼迷惘。但世間最常見的，就是世事無常。明日之事本就是充滿著各種不確定，習慣了就好。無須視變化如寇讎，「變」本在你我人生中再尋常不過了，努力適應變化吧！
- 快樂並非取決於所處境況，而是在於一己之心境。這又是一句說來簡單、做來難的話，但若能試著好好掌握自己的情緒，你會過得更好。每個人的人生都有許多值得珍惜之事，你可以專注於擁有的一切，也可以不斷記掛著失去的種種，端看自己的選擇。你的選擇便決定了你的情緒。

- 當腦中預設的情境和現實面對的情境不一樣時，不快樂的情緒油然而生。請各位試想一下，小時候你想買個玩具，而媽媽告訴你「不可以」便把你拉到店外，當時的你肯定很傷心。你可能還會氣到有一段時間根本不想跟媽媽說話，但後來氣還是消了。隨著年歲增長，定會經歷類似的經驗：得不到自己想要的。請謹記人生有些事情是在自己的掌握之中，但有些事情並非如此。別忘了有些事物是你能挽回的，但有些則是你無能為力的。學著拋開無法挽回的一切，在人生的道路上繼續前進。
- 比較、較勁會剝奪了你的快樂。誰會在意你有多少朋友已有穩定伴侶？
- 終於來到最後一點了……世間一切都是暫時的，各位經歷的一切終將逝去，生命必有閉幕的一天。回首人生，你會發現其實很多事情都沒有那麼重要，而傷害自己則會造成永無止盡的問題。無助感就像溺水般難受，痛苦是那麼的強烈，令人痛徹心扉，眼前彷彿看不到盡頭似的。請一定要記得：人生不論遇到何種問題，時間終能助你適應一切，往前邁進。若是壓力和痛苦真壓的你喘不過氣，記得尋求專業協助。至親好友也許好意想幫你一把，但他們不見得真懂得如何協助你走出難關。情緒和我們大腦內的化學物質息息相關，而每個人都有獨一無二的情緒組成。需要外界的支持以協助自己走出困境是一件很正常的事。各位肯撥冗閱讀我的文章，已讓我深懷愛與感激，請各位務必謹記：你們並不孤單，也無須獨自經歷這一切。永遠有人願意、且懂得如何伸出援手，幫助各位度過難關。

蝴蝶必得經過一番掙扎、磨練，方能破蛹而出。如果你想用剪開蛹的方式硬是讓蝴蝶脫蛹而出，沒有經歷掙扎的蝴蝶將無法發育出足夠的力量，根本不能展翅飛翔。蝴蝶的美來自過往的磨練，其實人類何嘗不是如此。一如人生大大小小的挫折，心碎便是你我成長的必經歷程。

一如人生大大小小的挫折，心碎便是你我成長的必經歷程。

39.

另一堂從五角身上學到的課

「……要嘛就祈禱，要嘛就擔憂。千萬別兩個一起做。」——五角的名言。

無論各位的宗教信仰為何，上述這句話肯定能引起你的共鳴。這句話反映了我們渴望要控制一切、了解一切、擁有一切。人類的心理遠比其他生物來的複雜多了，但這不見得一直是件好事。

人類不但會將行為內化成自己的一部份，還會憑空製造出煎熬與苦難。除了人類以外，沒有哪種生物會擔心現在幾點鐘、是不是遲到了、時間不夠用。人類以外的生物只會在當下感到恐懼，而恐懼感的目的是幫助動物避開危險。但人類就不一樣了。你我的恐懼如種子般能在大腦內生根、繁衍，接著餵養、壯大我們對過往的悔恨或是對未來的焦慮。這些原因讓人類在心理煎熬這件事上可說已達登峰造極的境界。

沒有解藥能解決這個問題。

我們擔憂的是未來，而憂慮的情緒就像我們對過往懷抱的憂鬱與惆悵感，一旦傾瀉出來便一發不可收拾。擔憂的情緒往往伴隨著焦慮感，焦慮不再只是心理或生理的感覺，而是實實在在會搞砸自己的生活。沒有處理好的擔憂情緒會一點一滴腐蝕你的人生。

尊重一切事物的本質可不是什麼禪宗所講的天人合一思維。

這只是想鼓勵各位尊重人生一切的安排，尊重其本質以及自己與萬事萬物的關係。你能改變某些狗屁倒灶的鳥事，但也有些鳥事你實在無能為力。**順勢而為吧！**

各位別誤會了，雖然擔憂的感覺鳥爆了，但憂慮有時還滿管用的（畢竟沒有事情是絕對的嘛）。我深信憂慮的情緒其實是種「心理妝容」，但至少我們可以減少憂慮的頻率。減緩憂慮實能進一步提升生活品質。

那麼各位得練習放手。唯有體認到自己擁有的資源有限（心理和生理兩方面皆然），方能更有智慧地善用資源。若能想得遠一些，其實佔據你我心頭的人和往事往往早已不那麼重要了，放下這些心上的牽掛吧。人終將一死，死亡是否可怕，或是一種解脫，端看自己的心態。

若擔憂的有理，那麼該擔心的還是得擔心。

「憂慮不會驅走明日的傷悲，卻會抽乾今日的力量。」

——荷蘭鐘錶匠、作家彭柯麗（Corrie ten Boom）

憂慮不會驅走明日的傷悲，
卻會抽乾今日的力量。

——荷蘭鐘錶匠、作家彭柯麗（Corrie ten Boom）

40. 慎選朋友

「盤點」一下我們身旁有哪些人，絕對是明智之舉。不管是親戚、朋友、泛泛之交還是同事，若非善類，斷絕來往吧！

沒有人知道自己在世界上還剩多少時間，實在無須浪費有限的光陰和不值得的人打交道。

千萬不要讓根本不在乎你的人影響你的心情。不要一味委屈自己討好不在乎你的人。不用屌這些人。把自己從這些人的束縛中解放出來，不僅能讓自己更清楚未來該避開什麼，更能找到志同道合的朋友。

合就合，不合就不合，實在勉強不來。有fu就有fu，不可能跟每個人都合得來。若能認清上述現實，你會過得更好。無須因為不想要孤單一人，便硬著頭皮和所有人打交道，這樣的日子實在難過。

光陰有限，請各位務必慎選要和哪些人打交道呀……

光陰有限，
請各位務必慎選要和哪些人打交道呀……

41.

我們有時需經歷些挫折與磨難

我曾讀到一則情侶自殺的新聞。這對情侶共同主持了一個心靈雞湯勵志廣播節目「追尋快樂」（*The Pursuit of Happiness*），該節目向聽眾大力提倡「正面思考」。兩位主持人的自殺原因不明，該篇報導接著探討一味追求正面思考的心態所隱含的潛在危機。

既然剛好讀到這段報導，也不妨以此為案例討論「正面思考」。這件悲劇啟發了我一些想法。「無時無刻保持正面心態」這回事一直讓我覺得頭很痛，很難做到（各位留意一下，我是說「一直」唷！）。對我來說，時時這麼硬撐著，只會降低自己的生產力和創造力，也削弱了和他人相處的能力。

有時候你想朝著正面去想，內心卻立刻冒出另一個負面聲音，而且這股負面的聲音聽來更熟悉、且有道理。這種情況大家都碰過吧？

懂得心懷感恩、保持樂觀樣態確實重要，但若變得過於理想化，甚至幻想一切都能有如童話故事般完美的結局，無疑是嚴重的自我催眠。一時的催眠自然不能長久，泡沫將瞬時幻滅，徒留苦澀與惆悵。

我需要時時提醒自己：**所有的情緒都很重要，哪怕是負面的情緒**。與其帶著虛假的正面想法去對抗負面思想，不如安靜聆聽，留意這些負面情緒所要表達的訊息究竟為何，接著好好與自己的負面情緒溝通。

有些人之所以能日進斗金，憑的是向大眾宣稱自己能助人脫離苦難。但正因有苦難和挫折，你我方能成長和進步。無憂無慮、天天開心絕非人類的天性，不然何來那些雞毛蒜皮的無病呻吟呢？人在滿足了基本需求後，自然會開始「無事生非」，為賦新詞強說愁。

也不知是幸還是不幸，我們的感覺會隨著時間而改變。人世間沒有什麼是恆常不變的，「變化」才是唯一不變的道理。人人都有心事滿懷、萬般愁思的時刻，覺得自己好孤單，但應謹記自己其實並不孤單。我們只是覺得自己很孤單，但其實我們並不孤單。

心情不好、日子過得不順是很正常的。別因為看不到別人的挫折、就以為別人都沒有挫折。

還有別忘了，每天重複同樣的事情，只會帶來同樣的結果。所以如果你的低潮低的有點太久了，記得改變應對策略，直至看見轉機。

正因有苦難和挫折，你我方能成長和進步、改善現況。

42.
愛上學習

以前在當老師時，前輩一直提醒我們，為師者的使命不僅是把滿滿的知識塞進孩子的腦袋裡，還應激發孩子的求知慾，讓孩子愛上學習。

我自己也喜歡學一些新知識。光是想到能接觸、學習新事物，我便會欣喜如狂。想想浩瀚宇宙間微如塵埃般的地球就有那麼多未知事物等待你我發掘，豈不令人目眩神迷！其實我也會特別留意那些「已知事物」。很久很久以前，人類還以為世界是平的，以為太陽繞著地球轉，而我小時候大家還以為冥王星就是顆行星。縱然是人人深以為然的常識和常理，也有可能在往後被徹底推翻。

我不會固執己見，也不以我的信念為人生依據，因為這樣的信念基礎太過薄弱，根本站不住腳。反之，**我深信自己應學著拋開那些陳腐、不合時宜、違背本心的觀念，對**

此想法我感到相當自豪。

只要學著和自己對話，便能探知自己的本心為何。每個人都有直覺——相信直覺吧！畢竟誰會比自己更在乎自己的利益呢？

學習的機會與方式有百百種，我們每個人都有自己獨到的方式來處理訊息。如果你找到了自己喜歡的學習方法，那便應用在自己有興趣的領域吧！在自己有興趣的領域投注滿腔熱血，將能帶來許多的歡樂。

我們每個人都會對某些事物痴迷不已，如車迷、電玩游戲迷、影集〈冰與火之歌〉粉、嘻哈迷、星際爭霸戰影集迷、星際大戰電影迷、時尚迷等不同領域的粉絲。找出自己喜歡的領域，全心全意投入。從你不曾涉獵的領域中找出那些領域的鐵粉，讓這些人做你的嚮導，引領你探索新事物、找出你的心中所好。

我知道新事物往往讓人感到害怕且不安，但這是成長的不二法門！況且若能隨時讓大腦保持「開機」狀態以搜尋出各種學習機會，將有助於自己更能得心應手地面對人生各種低潮。從失敗中學習，必能反敗為勝。

我知道新事物往往讓人感到害怕且不安，
但這是成長的不二法門！

43.

少些期待，便能少些失望

每個人心裡都有期待。若鼓吹大家去追求一個不期不待的人生，那我根本就是個不切實際的理想主義者。不過，**我們至少可以從自己的失望中找出有哪些期待的根源**，好好檢視這些期待，也許我們能發現有些期望實在不近情理、不切實際，甚至根本是多餘的。我對人的專業度和品性其實依然抱有期待，但公事也好，私事也罷，這些期待偶爾仍免不了會落空。如果自己的期待常常落空，那應該要好好檢討自己了。就算大失所望，我也會盡量拋開自怨自艾的受害者心態，畢竟受害者心態無法讓自己更加堅強。

當別人讓我們失望了，不妨花點時間捫心自問：我是否還想要讓同樣的情境再發生一遍。畢竟過去的都已經過去了，我們唯一能做的便是精進不休、學會在當下做出更好的選擇，以期有個更美好的未來。

或許有些人曾深深被他人傷害。傷害帶來了苦楚，**可這份痛苦內也埋藏了人生智慧的寶藏**，傷痛與挫折能幫助自己不再重蹈覆轍。我們的心其實有很強大的修復力量，縱然狠狠為人所傷，仍能頑強存活下來。

那些曾受過傷的讀者再明白不過了，當時感覺如末日崩塌般的大事，今朝回首，已盡付風中。你我都有反應過度的時刻，而我們得知道：反應過度後，受傷的也只有自己而已。只有自己能對自己負責任。不要讓自己陷於不斷受欺侮、被踩踏之困境。縱然受傷了（每個人一定都會受傷），也要從錯誤中學習，盡力不再重蹈覆轍。

留意他人實際做了什麼，而非嘴上說了什麼。行為遠比言語透露出更多的訊息。

由衷感激各位閱讀本章，但本章用意絕非將各位納入溫室中、免受人生苦痛之折磨。人生傷痛難免，挫折是必要的。誰叫你我在挫折中反而能學到的更多呢！各位日後跌了一跤、受傷時，別忘了我這些話。

痛苦中往往埋藏了人生智慧的寶藏。

44.

實在沒必要一味委屈自己、以求融入群體

大限來臨的那一天，無人能陪你走在黃泉路上。所以我們有生之年也實在無須仰賴他人，無須尋求他人的肯定來做任何決定。說到底，沒有人會陪你走黃泉路呀！

我費了很多筆墨在探討死亡，因為死亡這個議題我認為最有助於提醒世人掙脫束縛、活出自我。亂人心緒的憂慮和愁思往往是我們自己想像出來的，而死亡能提醒你我：其實攪擾我心的憂愁，並沒有想像中那麼嚴重。仔細想想，漫漫人生路上，實在無需為些芝麻綠豆般的小事憂心忡忡，整日愁來愁去，更別忘了人生所有的事其實都是小事。

每時每刻都是專屬於自己的。你可以選擇虛擲光陰，耽溺在過往，或是一直為未來發愁，也可以選擇享受每個時刻，全心活在當下。和哪些人打交道也是自己的選擇，若

是身邊的人不接納獨一無二的你，不妨轉身離開。人生太短，實在沒時間去一一討好每個人，尋求心有成見的人的肯定，更是不值！

綜觀許多當今備受讚譽的歷史人物，他們其實在世時並未受到如今日般的尊崇、歌頌。有些人物在當時提出的想法和概念難以被當代接受，直到身後才為後世讚為超越時代的先知。我不認為許多開創一番偉大成就的人物僅僅是為了求得當世的讚譽、名聲或後世那微不足道的肯定。這些偉大的人物忠於自己所做的一切，縱然前方荊棘重重，卻有「雖千萬人吾往矣」之豪情。

歷史難免有偏見，史家筆下的歷史人物不是被過度妖魔化，便是被過度美化了，而這兩種極端的描寫都忽略了一件事——「人」之善惡、黑白難以三言兩語就說清楚。我們看事情經常慣於非黑即白，但這樣的想法對看人來說可就不怎麼管用了。美國民權運動名人麥爾坎．X（Malcolm X）是我很敬佩的人，我敬佩他能在生活有了新的體驗後，仍勇於承認一己之成見，且懂得反省自己從前的剛愎自用。**不完美也沒關係，畢竟從來沒有人是完美的**。如果有人宣稱自己從前有多完美無瑕，可能是在放馬後炮罷了。

我們每個人都是獨特的個體，有獨一無二的潛能和特質，我們或許能善用這些個人特質助他人和自己一臂之力。唯有深入內在心靈，方能探索出自己珍貴的潛能與特質，因此我非常鼓勵各位：從現在開始探索自我！
不需要他人的肯定，自己就能深入內在心靈，探索自我！

我們每個人都是獨特的個體，
有獨一無二的潛能和特質，
我們或許能善用這些個人特質助他人和自己一臂之力。

45.

驅走你我的心魔

我們的過往，如鬼魅般跟隨著我們。我們因為以往所犯的過錯而懊悔不已。但昨日早已不可留，我們不必為過往所困，不必被鬼魅所擾。

和大家一樣，我每天也會有胡思亂想的時刻，我心中也會暗自喃喃自語：多麼希望若是當初能做出更好的決定就好了，而且我也希望能收回一些做過的事，收回從前我對那些已不在我生命中的人曾說過的話。但現實上這些希望就是不可能辦到。一味懊悔往事代價甚大，而且徒勞無功。

你我唯一能擁有的便是當下，也就是現在。明天的事情我還不能明白，昨日更是永遠不可能再來，過去的已經過去了，覆水難收。若有人相信自己可以擺脫昔日束縛，那恐怕不切實際，畢竟我們是由過去的經驗所塑造的。我們能做的是善用過往的經驗並從中學習，以求過上更好的當下與未來。

人生如一幅畫，畫上有一條又一條的筆觸。每一筆就像人生的每一個時刻，一旦顏料落在畫布上便難以更動。我們唯一能做的便是不斷精進自己的技巧（但速度緩慢），從每個時刻汲取最好的部分，放下其餘的部分。

務必活在當下！這雖是老生常談，又實在真真切切。我們若無法走出過往，若一心只想著未來，便是糟蹋了每個當下的時刻。我們最快樂的時候便是活在當下：我想這就是為何人們會歡愛、賭博、飆車、冥想或是做其它能驅散自己迷惘心靈的事情吧。

過往早已不在，若還將有限的年華虛擲在追憶中，實無益於當下與未來。沈浸與追憶，不過是在傷害自己罷了。

放下過去聽起來雖可怕，但放下過去便是放過自己（說來容易，做來難呀—但任何值得放手一搏的事情哪有簡單的）。

拋開過去的束縛。此時此刻便是彌足珍貴的禮物，你值得擁有、享受當下。

我們若無法走出過往，若一心只想著未來，
便是糟蹋了每個當下的時刻。

46.

你不可能拯救所有人

或許各位已經發現，生命中最能接納改變的人，就會成為進步最多的人。有些人向你傾訴他們碰到的問題，用意只是想發洩，吐吐苦水，而不是真的想從你口中得到可行的解決方法。因為他們若想好好解決問題，必得跳脫自己視若珍寶的舒適圈。

我們每個人擁有的時間和精神就是那麼多，如果將時間和心力虛耗在只是想搾乾你的人身上，實在是不值。每個人都喜歡受人注目，但有些人就只想透過博取你我的同情心，得到關注的眼神。

我絕不是在鼓吹各位要當一個冷漠、不想理睬他人的人（其實承認也無妨：你我的內心都有一點點這樣的特性）。我只是想告誡各位：務必留意有些人其實只是想要利用你的善良和仁慈，遂行他的私利。

我們每個人都有壓力和煩惱。我個人非常不想看到心愛之人被我的問題弄得心力交瘁。我會向身邊的人尋求協助，但我也希望自己能幫助到他們。我個人較傾向碰到不同的問題時，向那些對該問題較熟悉的人談談。我也注意到，雖然很多人表面上是找你商量，其實他的心意已定，只是想聽到同樣的意見、並找人為自己的決定背書罷了。

相信自己的直覺，畢竟沒有人比你更有資格了解自己。當有人找你幫忙時，請留意一下他們的意圖。也許一開始難以察覺、辨識，但日久必然見人心。有些人會由衷感激你教他們如何釣魚，但有些人只會不斷跟你伸手要魚吃。

同情心可能被人利用，久而久之也許你我便再也不想對他人伸出援手了，實在令人惋惜。應幫助他人自立自強，這樣對大家都好，來日他也能對別人伸出援手。

很多人表面上是找你商量、尋求建議，其實心意已定，只是想聽到同樣的意見、並找人為自己的決定背書罷了。

47.

付出真心，有時難免會受傷

尤其是對方並未同等待你時，你對他付出的關懷與深情讓你覺得自己被利用了。有些人還眼巴巴地希冀對方會改變，但事實則是：不可能。

在這種情況下，我們尤其當注意自己如何看待現實。其實人與人的關係出現裂痕時，往往當下已經很明顯了，只是我們不肯承認罷了。

有些人願意和我為友，是因為他們能在我面前做真實的自己，而我不會利用他們對我的這份友情。我也希望能繼續與他們為友。

確實有不少人曾利用我的好意來傷害我，但我才不要因為這樣就變得冷心冷面。**我樂於付出，我樂於關懷別人**，我願意對身邊值得的人付出真意。

其實你很清楚身邊有哪些人不值得你的愛。既然如此，何必費神費力和這些人打交道呢？

不要停止付出真心，而是要慎選你付出真心的對象。有些人值得你更多的付出，也有些人不值得你繼續付出。

其實你很清楚身邊有哪些人不值得你的愛。
既然如此，何必費神費力和這些人打交道呢？

48.

你想要「養胖」哪些情緒呢？

生活中會發生大大小小的事，我們常被情緒吞噬。人生總有某些時刻讓人情緒低落，難以珍惜和煦陽光、新鮮空氣及其它值得感激的一切。

每個人總有時候覺得自己的沈重沒有人會懂。你我早已深諳強顏歡笑之道，痛苦中也懂得說聲「我很好」。「我很好」這三個字白話點說就是「別管我，就算我說了你也不懂，更何況你根本不想聽吧」。

接納恐懼、徬徨和其它負面情緒的存在，意味著你能了解到這些負面情緒本就屬你我的一部份，和身上的身體髮膚一樣。就算是偉人也會感到負面情緒的存在，只不過這些人懂得避免讓這些情緒壯大。

你可以控制自己的情緒，不論當下感受如何，你或多或少總能掌握情緒的走向。快樂也好，憂鬱也罷，這些情緒都能「吞沒」你。既然正面情緒和負面情緒皆能提供強大的能量「吞沒」你我，請問你想要投入哪種情緒的懷抱呢？

大家常問我：「為什麼我會有這種感覺？」、「為什麼會發生這種事？」、「為什麼他們會說……？」鄭重告訴各位，我不知道，也沒有很在乎。我反而是專注在自己想要讓什麼事情發生，以及想要達到目的究竟該做些什麼努力。

如果將快樂感比做腰間的小肚肚，那麼知足與感恩便是能養胖肚肚的好食物。擔憂與悔恨則能加劇憂鬱的情緒。**好好想想自己想要「養胖」哪些情緒吧！**

快樂也好，憂鬱也罷，這些情緒都能「吞沒」自己。既然正面情緒和負面情緒皆能提供強大的能量「吞沒」你我，請問你想要投入哪種情緒的懷抱呢？

49. 泡泡終有破滅的一天

隨著時光流轉，年少時深信不疑的浪漫與理想逐漸凋零。好人不見得總能有好報，誠實未必是上上之策。久而久之你會體認到世間的一切不見得都是公平的。

煩人的並非上述現實，它們也非我們煩惱的根源。煩人的其實是「我們」與「殘酷現實」之間的關係，以及這段關係變得越來越糟。

「從此過著幸福快樂的日子」這種圓滿結局只會出現在電影或是寓言故事裡，而認清這點對我來說也無妨：我反而更能拋開不切實際的期待。我們無須活在虛無縹緲的夢幻泡影中，這些夢幻泡影只會讓我們飄浮在空中，時間越久，飄浮得越高，最後摔得也越慘。

害怕令人不安的新觀念，害怕不熟悉的新狀況，害怕陌生的新環境，恐懼讓你我喪失了本有的強大潛力。

一旦願意承認自己有各式恐懼，各位將會發現這世界彷彿被恐懼所宰制。縱觀人類一萬五千年以來的歷史，打從人類出現的第一天，「恐懼」便存在。**我們每個人都會感到害怕，這很正常**，但我們不要為了逃避害怕的事物，而吹出一顆顆盲目易碎的泡泡，想藉此保護自己。

真相便是戳破泡泡的那根針。真相告訴我們：政治人物永遠不值得信賴；人永遠有慣性與偏見；無論人們多努力裝出一副高高在上的聖人樣，這世界上最醜惡的事皆是人類一手造成。

我們都是希特勒；我們都是歐巴馬；我們都是奧薩瑪賓拉登；我們都是成吉思汗。但我們也可以是賈伯斯；我們也都是錫克教上師那納克（Baba Nanak）；我們也都是李小龍；我們也都是傳奇音樂人巴布馬利和詩人魯米。

我們所討厭，我們所鍾愛的，這一切其實也就是我們自己。但問題是我們卻看不清真正的「我們」，只看見單獨的你和我。人生會有幾個瞬間，當我們拋開了強烈的自我，美好的事物就能浮現眼前。可惜瞬間就是瞬間，稍縱即逝。

縱然稍縱即逝，我認為這麼美好的瞬間值得駐足片刻。

就讓泡泡破了吧！從泡泡中踏出來，你會發現空氣是如此清新怡人。

害怕令人不安的觀念，
害怕不熟悉的狀況，
害怕陌生的環境，
恐懼讓你我喪失了本有的強大潛力。

50.

你必須為自己做最好的選擇

「想要最好的」跟「知道什麼是最好的」不太一樣。許多人為了我們好，希望我們能得到最好的。他們也許立意良善，但並不代表他們夠了解我們、知道什麼對我們來說才真正是最好的。

最能深入我們內心想法與慾望的人便是我們自己，即便如此，我們自己也常讀錯訊息，不明白什麼是對自己最好的選擇。我們選擇去做那些「別人覺得最好的事」，也許是為了向全世界證明自己的能耐，抑或是為了符合社會期待。但這些選擇卻不是我們內心真正想要的。

有些人之所以為後世景仰，正是因為他們不盲從社會期待，他們反而把外在世界塑造成為自己想要的樣子。我從小在錫克教家庭長大，耳濡目染了許多關於公民不服從與挑戰權威的故事，但大人都還是叮囑我要「乖乖聽話、叫你做什麼你就做什麼」。

我不是想煽動各位反抗家人、反抗社會。我想說的是，人生沒有一套固定且人人適用的範本。同樣的決定對別人來說是最好的選擇，但對你自己則不見得是最好的。整個社會似乎有一套既定的公式，用來定義「何謂最好的人生」，但如果這套範本跟你自己想的不太一樣，那就提筆動手修改吧！

不過也請記住，擁有越多的自由，重擔與責任便越大。人還是喜歡揀選容易的道路，畢竟平坦好走。不是每個人都喜歡擁抱充滿挑戰的人生。但我可以跟各位保證：輕而易舉便能獲得的，就不叫偉大。

沒有人比你更了解你自己，成功應由你自己來定義，而非盲從他人意見。不必仿效別人的樣式，他們的人生是專門活給別人看的。堅持活出自己有內涵的人生，無需理會旁人告訴你什麼才是對你最好的。

你的人生，無人可以代替你走過。

整個社會似乎有一套既定的公式，
用來定義「何謂最好的人生」，
但如果這套範本跟你自己想的不太一樣，
那就提筆動手修改吧！

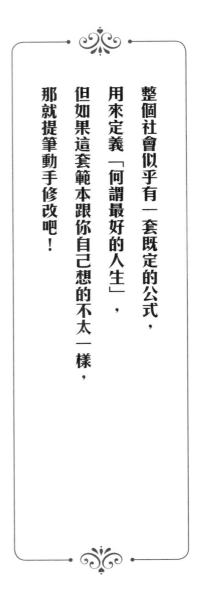

51.

崇拜「物慾」的宗教

我們知道「想要」和「需要」有何不同嗎？

去年心心念念想要的，今年可能覺得還不夠。昨天很感興趣的物事，今天想想又覺得不過爾爾。若信奉「擁有物質便能帶來快樂」的「宗教」（是的，我稱之為宗教），人生將會付出極大的代價。

我所謂「極大的代價」不僅僅是指金錢。財務壓力會連帶影響到生活各個層面，包含了人際關係的部分。

消費文化的目的是搾乾你的荷包，而非充實你的價值。走筆至此，我想到電影〈鬥陣俱樂部〉（*Fight Club*）裡有好多好多一語中的的台詞，例如：

「我們買了一堆我們不需要的東西……結果只是為了秀給我們不喜歡的人看。」

我們想藉由擁有身外之物，以表彰自己的身份、風格、財產和信念。其實**倚仗身外之物得來的名聲不過是虛名**，若不瞭解這個道理，麻煩可就多了。

歷經人生不同階段和年紀後，各位會漸漸認同本章的內容。有些讀者現在還在兼職，賺點錢買些好東西，而有些人可能一星期得工作六十小時才能勉強糊口。但我不是想要評論各位選擇的生活方式，我只是想請你們好好思考一下自己的生活方式。

電影〈鬥陣俱樂部〉裡面的角色泰勒德登（Tyler Durden）有句台詞說：「你所擁有的一切，到頭來會反過來佔有你、吞噬掉你自己。」

我跟各位保證：人生最美好的事絕對不是「物」。發自內心綻放笑容、向世界微笑，人生美好的事莫過於此。

我跟各位保證：人生最美好的事絕對不是「物」。

52. 不要任由他人勾勒你自己的人生藍圖

你在寫你自己的故事，別讓他人握著你的筆。

在做決定時我偶爾會問問自己：「這樣做是對的嗎？我不知道還有誰也這樣做。我這樣子正常嗎？」

沒有所謂「正常」這種事。你就是你，獨一無二的言行、舉止和思想成就了一個如此有意思的你。一切的獨特，成就了專屬於自己的人生故事。自己的人生有專屬於自己的跌宕起伏，正因如此獨一無二，人生故事方值得一閱。

每個人快樂的方法不盡相同，也許是努力賺大錢、造橋、追尋真愛或是在YouTube上酸言酸語。其實到底有沒有找到快樂並不重要，只要是自己做主、過自己的人生便好。

只要能活得快意，活得精彩，便是最適合自己的生活方式，非關對與錯。人的一生，既然光陰有限，務必善用時間。但怎樣才算「善用」則因人而異，不須一概而論。

下定決心設定目標後，你可能會發現有千千萬萬條通往該目標的道路。快樂是一種心境，當我站在舞台上，當我跟我姪女打鬧得難分難解時，我都能感到快樂。這些點點滴滴值得回憶，每當想起這些回憶時，笑容就會在臉上浮現。

我不用靠寫歌來享受自己的興趣，只要提起筆寫字就可以了，哪怕只有幾行字，一個段落，一篇文章，或是一本書都好。有時甚至連寫都不必，閱讀其他優秀作家的作品，也能讓我感覺一樣好。一路走來我漸漸體認到自己深愛創作，所以任何只要是能帶我更接近創意的道路，我都願意一試。

明白自己喜歡什麼、盡力探索所有能引領你走向心中所愛的道路，才能有精彩可期的人生。千萬別為了迎合他人的期待，而束縛了自己。自己的人生故事應由自己來書寫。

人的一生，既然光陰有限，務必善用時間。
但怎樣才算「善用」則因人而異，不須一概而論。

53.

只有傻瓜才會依靠運氣

最上進努力的人往往都是最幸運的人，他們隨時把自己準備好，機會來時就可大展身手。也有種運氣叫天外飛來的好運，例如中樂透，但這種運氣可遇不可求，只會落在極為少數的幸運兒和閒人（換句話說，就是懶蟲）身上。

人生總有鳥事發生，這是一定的，只能加倍努力來彌補。當人生向我們投出一顆始料未及的曲球時，平日若沒有好好練習揮棒，問題可就大了。

我個人大力鼓吹「**煉金術**」的概念。所謂煉金術，指的是無論遭逢何種環境，都能轉化為黃金良機。要達到這樣的境地，首先就是別再妄下評斷。我們常把事情想得太簡單，例如我們會自問：「這是我想要的結果嗎？」若「不是」，那就等於是「壞的」。若「是」，那就等於「好的」。但這樣的思考邏輯其實是有漏洞的。

你我都有過這樣的經驗：好不容易獲得渴想的事物，卻又立刻後悔。我們也曾經歷可怕的難關，事後才悟到其實當時正是人生中至關重要的轉折。

與其一遇事就亂了陣腳，我們應該先冷靜下來，深呼吸，通盤檢視一下自己面臨的狀況。良機到處都是，但絕非唾手可得。輕易得來的機會，也無法給我們帶來太多益處。從現在開始探索機會，好好問問自己：**該如何把鳥事變成好事呢？**或許需要創意才能達成，但你內在的想法常會好到讓你自己嚇一跳。

在逆境中運用情勢，最後華麗轉身，獲益良多的前例，多到不可勝數。世間有些美好，必得從艱困與醜陋中發掘出來。想要從挫折中站起來並有所成長，必須保持開放的心胸，拋開成見，願意從各種不同的角度檢視問題。

不要再只從固定角度簡單看事情了。沒有絕對的好事與壞事，運氣不過是事前準備加上機會罷了。許多同行其實也曾跟我一樣碰到過同樣的良機，但他們當時並沒有準備好，所以沒有得到我今天的位子（但如果你去問他們，他們會說謙卑詩人運氣很好）。

錫克教有一個教義叫做「tyar bar tyar」，意為「隨時做好準備」。

明白自己想要什麼，並隨時做好準備。相信自己有「點石成金」的能力，能化所有機會為黃金般的良機。

我們常把事情太得太簡單，例如我們會自問：
「這是我想要的結果嗎？」
若「不是」，那就等於是「壞的」。
若「是」，那就等於「好的」。
但這樣的思考邏輯其實是有漏洞的。

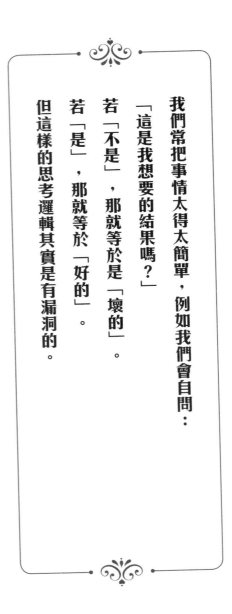

54. 我曾遇過一個女孩……

是個藝術家型的女孩，很會畫畫，創意無限。她從不看電視（在當時可是很酷的行為），而最重要的是：她暗戀我。一切進展得如此神速，而我就像所有的男生一樣，對於光速進展絕無怨言。其實當時對彼此內心的了解程度，恐怕還不及彼此肢體上的接觸，但我要再強調一次，我絕無怨言。

有一天晚上，女孩向我吐露了一個秘密。小時候她的祖父會對她逞獸慾，當時她曾向父母反映，父母卻置若罔聞。從此以後每當她看見祖父，都會不由自主一直顫抖。而祖父則是裝得若無其事，暗地裡希望孫女不記得小時候發生的事情了。

當時的我太年輕，根本不知道該如何回應。當時的我就是個天真爛漫、未經世事的屁孩，完全不知道原來這種事真的會發生，更別說施暴者竟然是位旁遮普裔的祖父。我不記得自己當時是如何反應，但我只能告訴各位：女孩再也不曾向我提起這件傷心事了。

後來我又遇到另一個女孩……

她雖不是旁遮普裔，但距離不遠。我們之間的韻事這回可就刺激多了——一次次的幽會，不多訴衷情，直接辦正事。幾個禮拜後，我們吵了一架。我上完廁所一出來，發現她不見了，連忙出去找她，卻看到她正在攔計程車。我急忙跑過去勸她冷靜下來，然後我一如往常地遲鈍，傻傻問女孩為什麼她會瞬間失控崩潰。原來女孩只要碰到衝突就會崩潰，肇因於曾被祖父強暴的經驗。這樣的受害經驗讓女孩日後在面臨衝突或背叛時，會瞬間陷入恐慌。聽完女孩的泣訴，當時的我全力擁抱著她，讓她明白現在和以前不一樣了。

我有一位老友從小到大被自己的父親大逞獸慾。以前跟我一起參加錫克教營隊的一個年輕女孩曾向我透露她的一位父執輩曾欲對她不軌。

這些我和大家分享的案例，都是當事人未曾對外透露的事。在印度的德里，也有無數的未曾通報女性受虐案件，而南非則因性暴力犯罪橫行，女性被強暴的機會都比讀書識字的機會來的大。

為了安撫抗議民眾，有關單位祭出各項手段以嚴懲犯罪者，如死刑、延長刑期等罰則，但這些都難以在短時間內扭轉女性的從屬地位。每個人都有權自主決定穿什麼衣服、去哪裡旅行，且這麼做的同時無需擔憂旁人的騷擾與攻擊。但這畢竟是理想的狀態，完全忽略了「人類」這種生物隱藏的危險性。

現實的情況則是：我們唯一能全心信賴的人就是自己。每個人都必須自立自強，遠離可能傷害自己的人，而不是仰賴司法機構的保護。人類是文明的生物，「文明」意味著你我僅能越加仰賴社會系統的保護，但這份保護其實極為薄弱。請好好保護自己、保護身邊的人。

較有效的改變應從地方做起，而最有效的改變則是從家庭場域做起。我希望各位在看到滿是槍擊案、性侵受害者傷重或是自殺等報導的社群網路動態時，能喚起各位的警覺心，為自己和身邊的人採取預防的保護措施。

為孩子打造出一個「沒有秘密」的文化。**沒有秘密，無論發生什麼都可以說出來，就這樣**。我的姪子在沒有媽媽的允許下，是不會和我單獨待在同一房間、同一輛車子裡的。我完全不會不爽，因為我知道沒有任何人能利用我姪子對人的信任，加以誘拐傷害。

互相推卸責任、一味責難他人無疑是種「責任轉移」行為，這樣的行為留給那些傻呼呼的政客、媒體和「萬人響應，無人到場」的鍵盤活動家來做就夠了。根據統計，你我身邊珍視的人或是認識的人都有可能正受到性暴力的傷害。我們應採取適當的舉動，確保未來不再有這類憾事發生。希望這些受害少男少女的傷心回憶，能喚起大眾意識，讓世世代代的孩子擁有未來。

閱讀本章的各位，我由衷希望你們沒有任何人曾有過這類受害經驗，但我知道這麼想只是不切實際的奢望。致受過傷害的讀者，我們無法替你們抹掉過去，但你們絕對有能力創造更美好的未來。

互相推卸責任、
一味責難他人無疑是種「責任轉移」行為，
這樣的行為留給那些傻呼呼的政客、
媒體和「萬人響應，無人到場」的鍵盤活動家來做就夠了。

55.

不了解自己，便無法做自己

在認識自己的這條路上，最大的阻礙不是別人，而是我們自己。人人都渴望他人的關注，說得更精確點，其實是他人的肯定。我們發出各式各樣的訊號，期盼他人的回應。試想一下，如果你說了個笑話但完全沒有人笑，你之後再講這個笑話的機率有多少？如果全場笑翻天，之後碰到新的一群人後，你想方設法就是要講這個笑話的機率又有多少？講笑話、觀察現場反應，這是大家都有的經驗，喜劇演員也是靠這個吃飯的。

渴望他人的關注，觀察他人的反應以調整自己言行，固然能滿足我們的需求，過去也讓我們為自己添上一層層不同的面貌，長久下來使我們失去自我本來的真實樣貌。我們不再表達自己內心真正所想，只想看場合話，只想展露最優秀的一面，只想融入人群。

臉書很厲害，用按「讚」量化了眾人的肯定。

我的至親好友在我臉書上見到有讀者負面留言，於是問我為何能忍受這些負評。說老實話，我一開始其實也完全無法忍受。二〇〇八年初踏入這行時，大家給我滿滿的愛。畢竟當時的我只是個無名小卒，每個人都會大方地為我加油。光陰匆匆，若干年後我在網站上開闢了一個評論欄，接受各方的批評指教。看著一則則負面的評論，起初我還會安慰自己：「這些不過是酸民罷了，就是嫉妒而已，不知所云。」後來我學會了不要只想聽好話，我也不在意這些了。

其實正評就和負評一樣，既可好好理會，又可不予理會。留言的人我通通不認識。我不可能一方面輕鬆欣賞網路上的正面評論，又同時不理會那些負評。我要練習的是學會不受任何評論（不管正面還負面）的影響，學會不透過這些評論來定義自己（這是個永無止盡的修煉）。

一味關注、在意他人如何看我，並不能幫助我了解自己。唯有關注「我為何在乎他人評論」，我才能更了解自己。我當然在意他人的眼光，每個人都會在意，但我發現隨著年歲漸長，我們會越來越不在乎別人的看法。為何會這樣，我也不清楚，可能是因為我們與自己相處的時間越來越多，會更了解自己的定位；也有可能是年紀大了，懶得迎合他人的目光吧。

旁人的肯定及關注，有可能使我們如藥物般上癮。想想人與人的關係，我們多麼重視身邊有人愛、有人可以說話、有人陪伴。我被甩過幾次，每次都感覺自我價值彷彿蕩然無存。我們害怕被拒絕，因此我們不敢放手做自己想要做的事，因為一旦被拒絕，我們就直接認為自我價值被降低了。

對孤單的恐懼也會影響自我價值的判斷。我認為有些人之所以不喜歡獨處，是因為不喜歡自己，是因為自己的樣子不符合自己心中的期待，或是不習慣與自己相處，彷彿自己是個陌生人似的。人與人的情感關係往往建立在「對方讓我覺得自己如何如何」上。對方能影響我們對自己的觀感，若對方離開，我們的失落感更深。畢竟名氣再大，也需要粉絲支持。

我身為公眾人物，當然需要觀眾的支持。仰賴觀眾的支持不是重點，重點是為了維繫大家的支持，我究竟該做出哪些妥協與讓步。

我這樣說，用意不在於貶抑名人，畢竟我們都需要旁人的支持。媒體實在厲害，總是讓我們覺得自己不夠好，需要買些媒體上曝光的產品來改善自己。落人後的恐懼雖真，但你我設想的後果卻是假的；這份恐懼不過是被媒體操弄、利用罷了。在現實世界，我們仰慕的那些人擁有我們渴求的自信（也可能是我們將渴望投射在他們身上），但這些名人是獨特的，是我們想模仿也模仿不來的。自信是買不到的，自信就像學習新語言，需要經年累月的養成。

要想與眾不同，須得不斷向內心探索。欲探索一己之內心，須懂得獨處時與自己對話。這種對話有些人稱之冥想，或是「專屬於自己的時間」、或是「遠離喧囂以求內心平靜」。身為一位得仰賴他人關注以謀生的公眾人物，我可以在此向各位保證：不論有多少閃爍的鎂光燈，不論有多少光彩亮麗，這些都不會帶來快樂。越想從他人眼光中尋找自己的樣貌，則越容易令自己受限制。唯有真正做自己，才能拋開枷鎖。也請鼓勵其他人做真正的自己，肯定他人與眾不同的特質。

唯有開始了解自己，才能開始真正做自己。排除一切紛擾，靜心坐下來，好好與生命中最重要的人對話——**與自己對話**。

一味關注、在意他人如何看我，
並不能幫助我了解自己。
唯有關注「我為何在乎他人評論」，
我才能更了解自己。

56.

天啊！我好怕跟人求助

人生中我好多次狠狠跌了一跤，又因為害怕、丟臉而不敢向人求助，因我擔心被人輕視。

而現在的我，則不會向自以為很了解我、就看扁我的人傾吐心事。我是人，你們也是。每個人都有搞砸的時候，犯錯在所難免。其實犯錯後，受傷最重的往往是自尊。

受傷的自尊常讓我們在還未遇事時，便畏首畏尾，怕東怕西。害怕受傷、害怕失敗的感覺，我們在自己心裡憑空生出恐懼。

不論是在成為謙卑詩人的職業生涯中，還是我的人生路上，我的「自尊」都曾壞了不少事。我曾為了所謂的自尊，差點錯失了一些美好的經驗、人物。有些人一旦錯過，今生便不再有機會相遇。

那些讓我裹足不前、畏首畏尾的事物多半與自尊有關，要不然就是我太在意他人看我的眼光了。現在的我，每天都在努力拋開這些無謂的考量。做起來並不容易，但我知道自己能因此而成長。

錫克教教義將「真理」巧妙地比喻為一扇小若芥菜籽的的門，而「自尊」則是如大象般的龐然大物。若要前進，必得拋開大而無當的自尊。

人當然不可能完全拋開自尊，若說要完全棄絕自尊之羈絆，也未免太不切實際了。但我能跟各位保證：放下越多自尊、自傲，你會越感到自由、不受束縛。

向他人伸出援手，往往也是放下自尊、自傲的表現。

但我能跟各位保證：
放下越多自尊、自傲，
你會越感到自由、不受束縛。

57.

你快樂嗎？

許多人認為，現在過的生活不是自己想過的生活。

當腦中設想的生活樣貌和現實情況不相符，許多人便覺得悶悶不樂。

腦中設想的生活樣貌有百百種：也許是世界局勢或私生活不如預期，也可能是心心念念希望電影〈00:30 凌晨密令〉（Zero Dark Thirty）的結局來個大逆轉（有雷慎入：賓拉登後來死了）。不斷比較想像和現實的差距，會大大影響了你我的心情。

其實我們都忘了一件事：想像中的一切往往根本不存在。身為一位饒舌歌手，我很常去構築一幅超越現實的情境。許多藝術家製作 MV 時，會利用一些實體物質來呈現出他們腦海中想像的畫面，以娛樂大眾。

沒有人想要承認自己易受特定媒體的操弄及哄騙，但我們要嘛就是傻傻被媒體騙了，要嘛就是活在童話故事裡。世界和平從未存在，剝削他人無日無之。烏托邦只存在於電影裡，情節總不外乎：勤政愛民的賢君復位，從此以公正統治萬方。（想也知道，一個人要統治大多數人，怎可能會有公正？）

期待通常可以保證帶來失望和不悅，而不切實際的期待更會讓你有更多妄想和抑鬱。「嘿老兄！你一定天天都泡在女人堆裡！」、「嘿老弟，我超想像你一樣天天睡懶覺、沒事寫幾首詩，還可以世界各地趴趴走！」、「嘿小子，你那麼有名，生活一定很精彩唷！」

我的ＭＶ從來不曾拍這種紙醉金迷的日子，但就是有人把我的生活想像成這樣，原因並不是他們認為我過著這種日子，而是他們想要相信：世上真有這種生活方式。我身邊家境富裕的朋友根本沒人會睡到自然醒，也只有那些失業在家的才會睡懶覺。

抱有這種不切實際的幻想的人，多半是看太多〈大明星小跟班〉（*Entourage*）、〈慾望城市〉（*Sex and the City*）等讓人打發時間的影集。我想，我的生活真的不錯，原因倒不是那些上述的幻想，而是因為我在生活中積極尋找快樂、感恩的理由，而且不讓現實境遇影響到一己之心境。

你可以說這叫斯多葛學派、悲觀主義或是現實主義。我個人覺得這不過是邊活邊學罷了。錫克教教義非常強調「放手」的概念，而「執著」遠比憤怒、貪婪或色慾更易奪走人的快樂與幸福感。你我社會化久了，甚至已經察覺不到自己從小到大被灌輸的執念究竟有多深厚。這些執念很多是錯的，是無關緊要的，或者對這個世界、對這個獨特的我來說是多餘的。

只有你自己清楚自己還緊握著哪些謊言，遲遲不願放手。好好想想這些謊言的根源從何而來，把它們放下。再好好想一想：

你快樂嗎？

期待通常可以保證帶來失望和不悅，而不切實際的期待更會讓你有更多妄想和抑鬱。

58.

沈浸在懊悔中，真蠢

昨日之日不可留，不會復返。從前是一段早已不存在的時間，別讓從前的決定造成你現在的痛苦，這樣完全無益於當下。

你我都曾搞砸一些事，也曾幹過些蠢事。我們常把這些過去的錯誤一再回放，心中多盼望自己能像電影〈回到未來〉系列的主角馬蒂，回到過去彌補當年的遺憾。但問題在於，就算真能穿越時空，改變了過去就能保證讓現在更好嗎？

昨日早已不在，而明日則充滿未知。我們都好想要釐清一切因果關係，但這是沒可能的。我們不可能知道「如果當時…會怎樣」，所以別再浪費心力煩惱這些了。當下才是你我能把握的。想要追尋什麼樣的生活，當下便是我們最好的良機。

我們都是由過去的經歷（包含不光彩的經歷）所塑造出來的。人會犯錯，但也能選擇從錯誤中成長。切莫因昔日種種看輕了自己。若因他人昔日過犯而輕視他，更是不智的行為。

一味沉浸在「當初若能……就好了」的臆想不過是虛擲光陰罷了，理由很簡單：東想西想，什麼事情都不會發生。這麼做只是浪費了當下，徒為早已逝去的時光受苦受折磨罷了。

人生即將走到盡頭時，大多數的人會懊悔自己還有些沒做的事。既然如此，那就把握當下，專注在自己想要過的人生，努力實踐。懊悔雖不智，但任由自己因恐懼而不敢追求想要的人生，同樣不智，且會讓未來的你後悔不已。別害怕辛勤耕耘所帶來的疲累疼痛，懊悔所帶來的痛比這個大多了。

昔日鑄下的種種錯誤，都能化為寶貴的人生課程與人生經驗。成功不是個好老師。讓過去的失足與挫敗，成為我們人生道路的指引。

那些只會說「我早就跟你說過了」的人，別鳥他。這種人實在卑劣，利用你的不幸來彰顯他那早已脆弱不堪的尊嚴。無謂的後見之明一文不值。你可以叫這種人滾一邊玩沙去（也可以採用不失禮貌的言辭叫他滾）。

你是一件正在創作中的藝術品，日日都有調整與進步。體驗各式各樣的經歷，難免犯點錯，所有的一切都會塑造自己。為這樣的自己鼓鼓掌。千萬人中，你是獨一無二的，再無他人與你一模一樣。一切的點點滴滴，一切的傷痕、錯誤、成就和淚水塑造出獨一無二的你。

似水流年，切莫虛擲光陰、辜負了有限的韶華，世間一切情景過了就是過了，永不再返。務必活在當下，勇往直前，學會放手。

懊惱只是虛耗了現在擁有的當下，
徒為早已逝去的時光受苦受折磨罷了。

59.

沒有人能真正融入社會

到底為何大家都想要融入群體？你們是想爭取誰的肯定？「社會」又不是一個人，它沒有人格，也沒有個性，根本不可能評判你們。

上自遺傳密碼，下自喜歡的冰淇淋口味，人人各有不同。正因有所不同，「你」方獨一無二。**我暫時不用「你很特別」來形容各位，因為這說法太老套。我相信各位都有能力善用自己的特質，發揮出與眾不同之處，同時鼓舞他人和你一樣各展長才。**

有信心的人，就是有魅力的人。信心源自於對自己外貌的認同。我認識不少容貌出眾的人，天生顏值雖高，依舊天天感到不安與煩惱。

請各位慎選良友。有些人擔心自己一人承受恐懼，便將自己的煩惱與不安投射在你身上。

我以前有些朋友喜歡自抬身價，他們常勸我，當明星就要有身份地位，不要對粉絲有求必應。有段時間我還真相信這種話。後來我用常識想想就懂了：那些願意花時間欣賞我作品的粉絲，遠比我身邊只求一己私利的「朋友」重要多了。

做真正的自己，相信自己。「信心」不是說有就有，是靠自己一點一滴打造出來的基石。努力耕耘，為自己所打拼的一切感到驕傲。無須自視甚高，也無須自輕自賤。

一味依賴他人和身外之物來肯定自身價值，絕非長久之計。旁人與身外之物能給你的肯定只是暫時的。應專注內心的聲音，好好培養自己的特質，這些是別人拿不走的。

對我來說，我所珍視的特質是愛人的能力，以及說真話的誠心。你們呢？你們所珍視的特質又有哪些？

「信心」不是說有就有，

是靠自己一點一滴打造出來的基石。

60.

致所有孕育我的母親

致：大地之母。致：孕育我所居住城市的土地母親。致：我的身生母親、致我的姐妹們。

致全天下所有誕育、撫育、教導、督責、保護、教育和最愛我們的母親們，我們也愛你們。

致身邊未能有幸得生母照料的人們，由衷期盼我們能分享給你們足夠且滿滿的愛。

「母親」一職永遠沒有休假的一天。打從做母親的第一天起，便注定會為自己誕育的孩子操心一輩子。母親的關心沒有喊停的時刻，你我何其有幸能受此母愛！

致全天下所有誕育、撫育、教導、督責、保護、教育和最愛我們的母親們。

61.

只有無趣的人才會感到無聊

我偶爾也會做事拖拖拉拉，但倒是從來不會閒閒沒事做。無聊其實是種奢侈，時間太多才會無聊。

有個簡單的方法可以趕走無聊：嘗試新事物（我知道這是劃時代的想法哈哈）。你不試試，怎會知道自己究竟喜歡不喜歡呢？心胸開闊的人才會想要一試新事物。保持開放的胸襟來嘗試新事物——有時或許令人卻步，但這是擴展我們境界的最好方法。

許多人跟自己相處時感到很不自在，他們以為這就是無聊。其實若能改善與自己的關係，不僅能大幅減少無聊感，反而會更期待能有固定的獨處時間。

尋找能讓你感到振奮、雀躍的新事物，也許是閱讀一本書、烹煮一道菜餚，或是做些需要創意的事。流年似水，務必珍惜、善用每一段時光。

保持開放的胸襟來嘗試新事物——
有時或許令人卻步，
但這是擴展我們境界的最好方法。

62.

死亡，是人生唯一可以確定的事

人生路上，我們與現實的關係就像雲霄飛車般起起伏伏。得不到自己想要的人事物時，有些人很難去接受、面對這個現實。我們非常不願承認其實自己有滿滿的機會，因為一旦承認了，便會體認到自己太把許多事視為理所當然，不懂得珍惜。既然是自己不懂得珍惜，那我們就沒道理為自己的處境憤憤不平。人喜歡自嗟自嘆、顧影自憐，特別是得不到自己想要的人事物時。

一堆人整天想找到生活的平衡，搞得好像「生活平衡」是人生願望清單上待勾的方框框似的。與其說「達到平衡」，我個人認為倒不如將之視為一個持續不斷的衡量與取捨。而人生路上，你我難免跌跌撞撞。

正在閱讀本文的你若比我年輕，那麼讓我偷偷告訴你一個秘密吧：縱然年歲漸長，人生可不會越來越容易；年紀漸長，可不代表你會變得更有智慧、更聰明、更能自持——你只是越變越老而已。人生在世，必然時時處於失衡之中，而我們要做的便是盡力試著取捨。

人生現實經常不符合你我的幻想，不符電影情節或從小父母和我們講的童話故事情節，這點我們真的不容易接受。雖然不容易，但學會面對現實、培養與現實良好的關係絕對大有裨益。你我或許能漸漸學會在跌跌撞撞、顛顛簸簸中作樂，懂得珍惜犯錯的機會，心懷感激，並從錯誤中成長。

我們共同之處，就是必有一死。正因如此，死亡恐怕是你我最強大的連結了。好好過生活，若能時時謹記人生無常，或可另有一番好風光。

好好過生活，若能時時謹記人生無常，
或可另有一番好風光。

63.

愛是禮物，而不是借貸

把愛散播出去，但不要期待回報。期待付出會得到同等回報，請問這樣的付出還能稱作「愛」嗎？

我認識一些人，常嚷嚷著自己缺乏旁人支持。他們自認會對身邊同儕伸出援手，卻沒有得到相應的支持與回報，於是感到灰心失望。這些人口中的「支持」，在我聽來卻像是種可交換的「貨幣」。

說老實話，我個人不希望支持、幫助我的人心心念念求回報。如果各位喜歡我的作品和想法，請分享出去吧！若不喜歡也沒關係。

關愛與支持那些你想關愛和支持的人。生命中總有些人的歡樂和成就也能讓你我感到開心，支持這些人吧！若你實在對某些人沒有特別的好感，不妨忽略這些人，好好做自己的事，勇往直前過自己的生活。

當旁人不符合你我期待時，我們心中難免會生出苦毒惱恨。但別忘了，沈重的心情別人可不會幫你扛，都得你自己一人扛。

放下這些鳥鳥的負面心情吧！

把心力放在你愛的人和愛你的人身上，合不來的人就算了吧！反正都合不來了，不放在心上也沒關係。

能有對象讓你願意付出愛是件珍貴的禮物。別視之為理所當然，記得也要愛自己。「愛」是天賜的禮物，務必好好珍惜，不是人人皆有幸得此良機。

能有對象讓你願意付出愛是件珍貴的禮物。別視之為理所當然，記得也要愛自己。

64.

一味自怨自歎，無疑是自我毀滅

你有能力成就不凡之事，但只有你自己能發掘出一己之潛能。想要透過成長發展潛能，必得經歷一番苦痛。

所謂苦痛，其實就是生命中碰到的各式挑戰。面對人生的挑戰時，要嘛選擇龜縮在一旁自歎命薄，要嘛就正面迎擊挑戰，竭盡所能衝鋒陷陣。

其實你早就明白這個道理了。你碰過種種挑戰，也一一克服了這些挑戰，一路成長。但同樣的情景不會發生第二遍。若將人生比做電玩遊戲，那麼接踵而至的關卡與挑戰必然越來越難。在所有待破的關卡中，「你」便是自己最大的挑戰。

「不經一番寒徹骨，焉得梅花撲鼻香」雖是老調重彈，幾乎要失去它的真意了，但實在是千古不變的道理。

如果你認為這番話根本不適用於自己身上，你覺得你比別人更辛苦，那我會說：你是個有自來水可用、有電可用的屁孩。把你丟進南非的貧民窟一個禮拜，你就知道什麼叫真正的苦。

與其煩憂這個世界對你做了什麼、辜負了你什麼，不如好好想想自己能為世界做點什麼。盡力貢獻一己之心力，共創更宜人、更美好的世界。

若將漫漫人生比做電玩遊戲，
那麼接踵而至的關卡與挑戰必然越來越難。
在所有待破的關卡中，
「你」便是自己最大的挑戰。

65.

我要大家的肯定！

各位有沒有這種經驗：和某人聊天，他卻自顧自聊自己的事？各位可曾仔細想過：我自己聊天時都說了什麼？你是不是也會自顧自聊自己的事情呢？

觀察一下人與人之間的談話，你會發現大家在聊天時，其實只是在尋找說話的機會，好讓話題轉到自己身上。這種聊天內容很無趣，而我們每個人或多或少都有經歷過。

這又回到了身份認同，以及「我是誰」這個問題。我們常認為自己需要大張旗鼓對外描述自己，免得旁人不了解。但其實光是觀察我們的行為舉止，便能看出我們是什麼樣的人。

這種情況就好像我們都是嗷嗷待哺的幼鳥，嘴巴老張的大大想要獲得「蟲蟲」——

也就是他人的肯定，卻永不滿足。「他人肯定」有如癮頭發作，永無終止的一天。

我們都只關心自己，只是程度不一，而個人私利會影響我們的決策。只要能覺察這個事實，就能改善人際關係。

我們沒辦法跟所有人都合得來。人就像化學物質，碰撞在一塊兒時可能激起各式各樣的化學反應。我們不喜歡某些人，因為從他們身上看見了我自己也擁有、但不喜歡的特質。所以各位之後若遇到某個討厭鬼，不妨想想「為什麼」不喜歡他。這樣對自己很有幫助。

喜歡的人，就多和他們聊聊吧，多問問他們，因為學習新事物還滿好玩的！碰到不喜歡的人，那你就快閃。人生苦短，不要虛擲光陰與合不來的人打交道。

也請各位注意自己的言行舉止。只在乎自己的人，到頭來必是孑然一身，形單影隻。

請各位注意自己的言行舉止。
只在乎自己的人，
到頭來必是孑然一身、形單影隻。

66.

你往下還是往上？

有時諸事大順，轉眼間卻面臨困境，彷彿列車脫軌，暴衝陷落，困境越來越深，掉進了一個深不見底的無底洞。「最低點」一詞像不存在似的，因為景況沒有最糟，只有不斷的出現更糟。

人生就像搭雲霄飛車的高低起伏。但當年風光易忘，而低潮與落魄的負面情緒卻久久難以消散。這便是你我大腦運作的結果。**人之所以會不快樂，其實不過是因為我們腦中設想的情境與現實情境有所出入罷了。**一旦發現現實不符合預期，彼此間的落差變越來越大。

我們能做些什麼呢？

對初學者來說，可以調整一下腦中預先設想的情境。在預期的情境裡，有時會牽涉到一些你我完全無法掌控的變數，如「人」。也許是期盼旁人如何待我，卻事與願違；也許是事態走向不如我們所願。其實不快樂的真正元兇往往是你我的期望，而非他人和事情結果本身。

除了調整腦中預想的情境，我們也能著手改變現實情境。人生的每一刻都是好機會，可以開創我們想要的局面，改變我們不喜歡的情況。當然，說起來容易做起來難（我覺得我會常常說這句話），但話說回來，這年頭還有什麼是簡單的？你想要過著輕鬆簡單的日子，不如去找那個告訴你「我許你一個輕鬆簡單的人生」的人，然後狠狠往他鼻子上揍一拳！因為他騙了你。值得相信的，只有自己付出的努力。人生本就是場試煉，生命就是一場體驗。一切成敗，特別是成功的部分，往往轉瞬即忘，取而代之的則是新的煩憂。

我們還有時間多疑多慮，東想西想，其實就代表了我們命太好，不必擔心基本的生存，反而有時間去製造憂慮。我們的冰箱裡有食物，水龍頭裡有乾淨的水源，既然生命沒有受到威脅，那我們來談談存在主義吧，來找點讓自己難過的事情作吧。

就算真的有值得煩惱的事，我們也會將它過度渲染。以自我為中心的人，當然會認為自己碰到的問題最大、最難，沒有人能比得上。

這世界上沒有什麼靈丹妙藥或神奇咒語能消除你我的苦痛和磨難。痛苦本就是我們身上的一部份，就像手指和腳趾一樣。但你我可決定自己的心境：心裡要承受多少煎熬，則由自己而定。

我們可以決定自己的人生是喜是悲，從而決定人生究竟是一蹶不振，還是能東山再起。話又說回來，百年後這些其實都不重要了。為樂當及時呀！

人生每一刻都是好機會，
可以開創我們想要的局面，
改變我們不喜歡的情況。

67.

別人是怎麼看你的呢？

如果你走進一個房間，裡面有十個人，你覺得這十個人會看到同樣的你嗎？再假設你走進房間後，跟他們說了一個故事，請問這十個人對這故事的見解會一模一樣嗎？

我相信大部分讀者都會回答「不會」。每個人皆是由先天基因與後天經歷組合而成，對周遭事物的反應自然是如各自的指紋般獨一無二。

不是所有人都和我相處融洽，也不是每個讀者都能有足夠的專注力能把這本書讀到此處。不是所有閱讀本篇文章的人都贊同這篇的觀點，更不可能所有人都欣賞這篇文章了。但這些我都不擔心，因為我早就明白我不可能做到讓大家都滿意，因此倒不如全心專注在我自己喜歡做的事，希望有幸能遇見知音。

人生苦短，實在無須耗費心力，想讓懷疑者轉換立場變成信徒。我寧願好好做自己想做的事，向我的支持者證明我們是對的。我想讓支持者看見真正的我，大家願意撥冗欣賞和關注我的作品，已經讓我非常開心了。

若別人的想法、志趣與我們不同，那也沒關係。取悅他人實在是吃力不討好又白費工夫。有時間討好別人，倒不如把這時間拿來做一些較有意義的事情。

得到他人的肯定、接納、甚至讚揚自然是感覺超棒，但別忘了，「成功」可不是什麼良師。有些人雖與我意見想左，但他們身上可能有些寶貴智慧，可助我成長、進步。這些人我不會置之不理。想要習得他們的智慧，我得先花時間傾聽他們的意見與想法，再衡量一下這些人的意見與我自己的人生優先順序。若真有裨益，小弟我會遙遙給他們一個擁抱，感謝他們。

走筆至此，我想跟各位分享我在別處看到的一句話，但我實在想不起來那句話是怎麼說的，不過大意是：不管水蜜桃嚐起來有多甜美多汁，這世界上還是會有人不喜歡吃水蜜桃。不是所有人都喜歡嘻哈音樂，不是所有人都喜歡讀厚重的大部頭，更不是所有人都喜歡毛茸茸的鬍子（咦我以為大家都喜歡耶！不是嗎？）我認清了這些事實，能對這些事實處之泰然。

由衷希望各位在漫漫人生旅途中，能知道什麼對自己來說是重要的。期盼各位能明白：自己對自己的肯定，永遠比旁人給你的肯定來得重要。旁人對你的肯定，永遠不如自己肯定自己來得重要。

自己對自己的肯定，
永遠比旁人給你的肯定來得重要。
旁人對你的肯定，
永遠不如自己肯定自己來得重要。

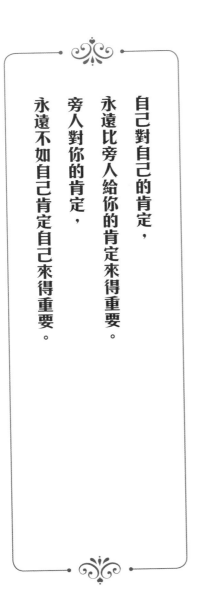

68.

自己的價值，由自己決定

數不清的原因、人、情境和結果，會影響你如何看待自己。但這一切都無法定義你的價值。你的價值，由你來定義。

曾有情傷的人一定能明白，當所愛之人不再與自己同心時，會有的那種痛徹心扉感受。但問題不是出在對方的行為，問題是在「『我們自己』與『對方行為』的關係」之上。對方的肯定、關注或情愛其實不能決定我們的價值，但在心碎的那一刻，我們仍感到自我價值已然崩塌。這些外在情境價值可以決定我們的價值嗎？可以，因為你有你的容許。

我們時時刻刻都能決定自己該如何看待自己。每個人都有值得崇拜的優點，也都有些不欲人知的缺點。我們如何看待自己，端看你我選擇著重在哪一面。

我們的職業、收入、婚姻狀況、社交圈、社會地位……的確會影響我們如何看待自己，但這些其實都無法真正衡量「我們究竟是誰」。**每個人都有自己的身份認同，如何決定自己的價值，全由自己來定**。身份認同就像一面旗幟，各位可以隨心所欲把旗子豎在自己看中的位置。有些人選擇將身份認同這面旗子繫在一己之宗教信仰或國籍上，而有些人則將旗子與家族譜系牢牢綁在一塊。旗幟想要放在哪，隨個人決定，但重點是：身份認同一事，由自己決定。若能牢記「身份認同與自我價值皆是我們心中勾勒出的概念」，人生的幸福自來。

既然人生不可能事事皆在我們掌握之中，何須讓紛紛擾擾的外在人事物影響自我價值呢？

沒有人能定義你的價值，只有你，能定義自己的價值。覺得自己不同凡響？你說對了。覺得自己毫無價值？你也說對了。自己的價值，自己說了算。

每個人都有值得崇拜的優點，
也都有些不欲人知的缺點。
我們如何看待自己，
端看你我選擇著重在哪一面。

69.

心靜則人靜，心亂則人亂

我們能力不足，無法掌握人生全貌，只能一窺當下的瞬間。我們誠然能透過觀察事情的走向和軌跡，盡可能預測未來，但誰也不能保證自己的決定是正確的。

誰說來日方長？其實不過轉瞬的功夫，便能摧毀一切（有的事花了九個月完工，只花了一秒就成空）。有時候我們的選項太多，最後竟不知該走哪條路。因為害怕選錯，所以乾脆原地不動。雖然原地不是最佳選項，但至少最為熟悉。熟悉讓人覺得舒適，誰會不喜歡舒適呢？

外面的世界精彩可期，但你我內心的宇宙其實較外在世界更寬廣、更錯綜複雜。你我內心的想法，幻化成一個又一個的音節、單字、語言，及世界上的每一本書。舉目所見的一切建築、設計作品，都是來自於從前某些人的靈光乍現。人心，就是如此光彩奪目又令人肅然起敬。

我們的心既能開創天地，也能摧毀一切。再小的煩憂，我們都能無限放大成龐大的潛在問題，讓你我嚇得動彈不得。但我們也能告訴自己，縱然再苦再痛，也應努力向前，完成夢想。非凡的心理力量，才能成就非凡之人。

我們是否快樂、難過、寂寞、茫然、成功、羞愧、自豪……這些數不盡的心情是由內在的心境決定，而非外在環境。我們的生活，不過是取決於自己選擇用什麼樣的心境去面對罷了。人生的樣貌，非由現實境遇而定，而是端看自己如何因應眼前的一切。

心的力量固然強大，但要善用心的力量也絕非輕而易舉。鍛鍊心的力量，就像鍛鍊肌肉或是精進某項技能般，需要持續不斷的訓練和練習，久而久之方有穩固的成效（可沒有什麼偷吃步方法唷抱歉）。

大腦不會睡覺，身體休息時大腦仍持續運作。我們可以學著與內心建立連結，此舉將有助於我們找到外在的人生路途。可透過閱讀、書寫、跳舞、旅行、冥想等其他有益於活化心靈之活動，達到與自己對話之目的。

探索他人內心也會是場絕妙的冒險旅程。我建議大家從那些不太熟識的人開始（與他不熟，就代表我們過去對他避之唯恐不及），好好研究一下他們的想法，增廣自己的見聞。

心，是這世上你我唯一的避風港。花些時間與自己好好獨處，千萬不要害怕。久而久之，各位也許會越來越享受獨處的時光。

我們快樂與否，
是由內在的心境決定，
而非外在環境。

70.

控制好你的心

只因心中渴求某些事物，便埋頭追求，這樣並非稱明智。一旦扯到內心的情緒，什麼理性思考、邏輯思維往往被拋在腦後。有慾望很正常，但人們常忽略了慾望是否合理合宜，只想滿足心中慾念。

我自己就是不斷追求人生的夢想，所以我完全支持其他人追尋心中的願望，追到天涯海角都可以。追夢之路上唯一的阻礙，就是死亡。不過到那天也不重要了，因為人生已然謝幕。

但有些事情，仍應謹記在心。

跟隨自己的心，說穿了不過是臣服於內心的渴望，想要滿足它，至於合理與否則非所問，多半是為了讓自己「感覺很好」。有些人自居為現實主義者，往往會覺得「追夢」

實在太不務實了，恐怕日後得吃苦頭。這種觀點我也部份認同，但我認為**我們應該分辨「立即滿足」與「心中真正的熱情」的差異**。

「恐懼」是我們心中很大的阻礙，大腦常用恐懼為理由，叫我們打安全牌，別去冒險。但是，保持安全的時候，我們到底想避開什麼呢？想避開死亡嗎？死亡或許能遲延，但不能避開。想避開挫折嗎？可是想要成長，必然得碰到挫折。不想受磨難嗎？但想要生存下來，必得經一番磨難。在這個我們無法掌控的世界裡，就算打安全牌也不能保證什麼。

你的心其實不是你的心，而是某部分的大腦運作被浪漫化為「心」。你的心也不是黑白對立、可以明確區分為邏輯思考抑或感情用事。日復一日，我們與自己、以及我們與外在世界的對話，都參雜了許許多多不同的心思。

人類自視甚高，總一廂情願認為一切人事物都應以「我」為中心。正因如此，我們才會那麼常將所受的苦難內化成自己的一部分，鎮日回想過往的苦痛。困在這種「為什麼是我」的情結裡，會讓我們一直聚焦在自己的煩惱上，整日只盯著一些無意義的瑣事，而忽略了我們身邊的一切。

關於人生，從來就沒有一個正確的答案。就算各位做了什麼不明智的抉擇，你們也有能力扭轉劣勢。自己的內心潛藏了哪些渴望，自己最清楚。如果這些慾望不會傷害到他人，也非奴役他人以謀一己之私，那就值得追求。人生難免會有遺憾，但我認為臨終前真正的遺憾只有一個，那便是沒能好好花些時間去規劃自己想要過的人生。

這做起來簡單嘛？當然不簡單。值得嗎？超值得。（我又看透你的心了。）

不要害怕受傷害，受傷是人生的一部份。如果沒能從傷害中學到教訓，這傷才真正受得不值。如果你的心胸夠開闊，你一定能從傷害中學習到寶貴的一課。

不要害怕受傷害，受傷是人生的一部份。
如果沒能從傷害中學到教訓，這傷才真正受得不值。

71.

你是想得到、還是想付出呢？

人們（其實我不知道人們到底有誰）都說人與人的關係必須有來有往。每一段失敗的關係，常源於我們覺得自己付出太多，收到的回報太少。

當大家在評估自己的感情狀態時，往往說得好像是在張貼徵人啟示似的。這些人一一列下徵友條件和優先順序，希望尋得一拍即合的對象。他們的心態多專注在「自己想要什麼」，而非「自己能給予對方什麼」。

抱持這樣的心態，會讓付出成了有條件的付出——若無回報，便不付出。在這種條件式感情裡面的人，都覺得自己好委屈，沒有受到應有的重視。

我們身處的文化大力提倡權益，又彌漫著濃厚的消費主義色彩。這樣的文化鼓勵你我取得自己想要的一切，但這種思維正一步步削弱我們與他人關係的基礎。現在的人似乎很難彼此同心合作，因為一旦有人覺得自己的需求未獲滿足，立刻拔腿走人。如今的文化鼓勵大家另覓新歡，而非修復原有的感情。

若欲覓得適合的對象，各位該一一列下的絕非「自己想要的條件」，而應是「自己想為對方付出什麼」。這樣的付出不求回報，而是單純的為對方付出。當你想要付出時，不會有人與你相爭，不會遇著阻礙；但若你想為自己謀求，競爭與阻礙就出現了。

那些曾經出現在我生命中陪伴我的人，有些早已不在我身邊了，但我知道她們現在過得比以前更好，和更適合的人相伴。她們現在的對象雖不像我一樣有留鬍子，但比我更適合她們。我由衷關心她們，我很高興她們能覓得更合適的良人。

在我的生命中，有許許多多的人讓我甘願付出，不計任何回報。每個人的生命中，也一定會有這樣的人。我不但能決定為哪些人付出，還能衡量自己願意分享什麼、投入哪些心血。我們有權拒絕他人，也可可以選擇把自己放在第一位。愛本身不會傷人，真正會傷人的永遠是人。

請好好問問自己：為什麼自己會待在這段感情裡。若各位是將自己的期待放在對方身上，那麼日後難免失望和失落，且這些痛苦都是你一手造成的。你是人，對方也是人，犯錯、變心難免。自己抱持期待，但將這份期待施加在對方身上，造成對方的壓力，這樣其實很不公平。換作是你，你也不會希望別人這樣對待你。

若各位想將你的心力和精神放在某些事情上，且期望能有所回報，那麼就應該放在「需要解決的問題」之上。事情的成敗，全賴自己肯付出多少心力。

你想從他人身上得到的一切事物，其實你都可以給你自己。愛更是如此。擁有越多愛，便會與他人分享愛。

你想從他人身上得到的一切事物，
其實你都可以給你自己。
愛更是如此。

72. 戰鬥吧！

人生是自己的，為自己的人生戰鬥吧！

無論各位正在經歷什麼，若對現狀不滿，那就準備好，努力殺出重圍吧，一切都得靠自己打拼。就算住隔壁的傢伙比你有錢，或是每個人的運氣看似都比你好，這些都與你想要的人生無關。想過怎樣的人生，你得專注所求，做好戰鬥的準備！

各位很快就會明白：人生戰場中最關鍵的戰役，便是面對自己的硬仗。我指的是各位必須對抗自己的負面想法、藉口、拖延心態、恐懼以及懷疑。這些負面想法都在各位的腦袋裡。不要問我為什麼會有這些負面思維，我不知道，我只能說每個人的腦袋裡都有這些東西。雖然我們無法清空所有的負面思維，但你可以一一克服，擊敗它們，好讓你繼續奔跑人生的道路。

認清楚敵人有哪些是一回事，隨時做好準備給予對方致命一擊，則是另外一回事！

人生是自己的，不是別人的。自己的價值、方向和目標，由自己來界定。經年累月的淬煉與打拼，方能成就不凡。漫漫人生，各位必須做下各式艱難的抉擇與犧牲。或許你覺得你對其他人有應盡的義務，但這不代表你的人生屬於他們。這樣說乍聽之下或許很自私，但你應該把自己放在第一位，為自己做出最好的打算。先把自己照顧好，才有能力好好幫助身邊的人。為自己和身邊的人戰鬥吧！

沒有人是受害者。只要還有一口氣在，就有機會扭轉乾坤，增強自己的實力。既然是場硬仗，那麼絕沒有好打的仗，更沒有什麼公平的戰役。盡其在我，大膽爭取自己想要的人生。人生可以向上發展，也可以向下沈淪。搞清楚該遠離哪些人、哪些地方、哪些抉擇，鼓起勇氣拋下他們。這番話或許刺耳，但該遠離的就得遠離。

每個人難免都有被生活擊倒的時候，但不是所有人都有能力重新站起來。有些人被擊倒後就再也站不起來。各位難道想當這種人嗎？

人生戰場中最關鍵的戰役，
便是面對自己的硬仗。

73.
原諒

唯有原諒，才能讓自己不再心懷怨懟。怨恨的情緒，只是在折磨自己罷了。

原諒別人（我是說真心原諒別人）不是完全姑息他人曾對你犯下的傷害，而是自己主動決定：**不再被從前的傷痛折磨**。

你我都曾被人狠狠傷害過，但說實話，我們可能也狠狠傷害過別人。請各位試想一下，若不斷回首不堪往事，只會讓當下徒增滿滿的悔恨、傷痛，最終招致憂鬱症纏身。這樣的生活有多折磨人呀！

心理的折磨，會影響到生理健康，恐縮短你我的壽命。自己肩上扛著沈重的心理情緒，但這些包袱也只有你一個人在扛——你討厭的人根本無事一身輕，他們根本不會幫你扛呀！

曼德拉（Nelson Mandela）曾說過，心懷怨懟，就像自己邊喝毒酒，邊希望毒酒可以毒死自己討厭的人。我們每個人都會犯錯。犯錯後與其不斷自責，不如真正原諒自己，放下過去，讓自己有更多的力量去創造未來。

原諒別人、原諒自己絕非易事，但值得一試。想到從前鑄下的錯誤，我當然也會覺得痛苦難過，但我每天都會提醒自己要放下。不斷回首痛苦的過去，只是在傷害我自己罷了。「原諒」的練習自己默默實踐即可，無需大肆宣揚、向人傾訴。唯有真正的原諒，才能真正放下過往。這點其實你我都曾做到：想想自己五年前在意的事，今日回想來不過一笑了之。請各位從現在開始練習原諒，早一點看淡，就能早一點放下。

誠摯感謝各位閱讀本文，你們的支持與愛護讓我有更大的動力向大家分享一些惠我良多的觀點。世界上一定有人會惡意利用我們的關懷，但千萬不要因為這些人的惡意而放棄了你的善心。請冒點風險，繼續結交新朋友，肯定會遇到願意珍惜、值得你的善良的人。不是所有人都值得你的善良，但這就是人生！

原諒自己，原諒別人。無須受無意義的心理包袱所羈絆，各位值得更好的人生。

原諒自己，原諒別人。無須受無意義的心理包袱所羈絆，各位值得更好的人生。

74.

貼標籤最可惡

人被貼上的標籤有許多種，如死娘炮、婊子、黑鬼、恐怖份子、賤貨、流浪漢、他們、我們、錫克教徒、印度教徒、旁遮普人、無神論者、基督徒、美國人、愛國者、遜尼派、什葉派、異教徒等等各式各樣的標籤。每個人身上都有標籤，也或多或少都會為周遭的人下標籤。當「他們」被貼上標籤之後，就和「我們」出現了那麼一點點不一樣。

這些細微的不一樣，會造成很大的效果。想想看，我們只喜歡和自己外貌、言行、想法、舉止相近的人為友，這樣等於是在心裡畫下了一道又一道想像的界線，然後在實質上產生了隔離。

很多人認為我們只是不小心造成了歧視與隔離，所以只要透過教育影片、提醒小卡教育社會大眾即可。事實絕非如此。人類長久以來就會使用「分化異己」與「壓制對手」

來維穩。媒體非常會洗我們的腦，告訴我們哪些人可恨，哪些人可怕，而身為閱聽大眾的我們卻很少自問：「媒體的話，能聽嗎？」

我曾聽過一位很厲害的講者說：「今天『獲得知識』已經落伍，『相信』才是主流。但我們該把『獲知』找回來，讓知識重回主流。」請別把「我們習得的知識」和「從小到大父母、社會、媒體等有影響力者灌輸給你我的觀念」混為一談。這個道理，是我在擔任小學老師期間悟出的，那時我親眼目睹孩子們照單全收父母灌輸給他們的觀念，這些孩子簡直神複製父母的思想。

我們身上每一個標籤、每一個我們貼給別人的標籤、以及每一個我們據以評斷的標籤，其實皆非事實。這些標籤雖非事實，卻能有效地讓「他們」和「我們」看來很不一樣，使得我們相信，可以不用在意他們。

和我們自己相似的人，才是我們關切的對象。這份關懷美其名叫「同情心」，實則不過是種病態的自私自利。這樣的心理現象你我都有，也沒什麼好嗤之以鼻的，但能認清這一點絕對是好事。

我並非理想主義者，我當然知道給人貼標籤這種行為在所難免，短時間無法杜絕。但如果每個人都能意識到「標籤」的問題，從而撕下一個或兩個標籤，敞開心胸接觸不同的人，我敢跟各位誠心保證：人的生活必將愈趨美好富足。

今天「獲得知識」已經落伍，
「相信」才是主流。
但我們該把「獲得知識」找回來，
讓知識重回主流。

75.

為自己的傷痕歡呼吧！

你不是受害者。人生這場冒險中，你是得勝者。縱然有些事不如己意，也許你被傷害、被利用、被剝削、被人輕忽了，不管怎麼說，你正在讀這本書，就代表你活了下來。你根本超屌！

不要從困難中看人生——人生的本質就是挑戰。你我偶爾會想逃離現實，但現實世界還是更美。天下之事不可能盡如人意。若覺得自己理所當然應該要稱心如意，那就一定會大失所望。

世事難料，沒有什麼是絕對的。若能徹底認清這一點，你會更懂得珍惜人生每個時刻。

人必須懂得珍惜，若只顧自怨自嘆，不留心體會身邊值得珍惜的人事物，人生必然悲慘，而且這樣的悲慘根本是自找的。

我們所追尋的快樂常是虛浮的。我們追尋的人和事，本以為能帶給我們快樂，但事實往往又非如此。可是我們依舊虛耗時光，繼續追尋。

人生是場瘋狂、顛簸的冒險，我們不可能毫髮無傷。不過話說回來，為什麼你會想要毫髮無傷呢？挫折才能讓人學到教訓。身上的那些傷痕、瘀青、碰撞，都不是白受的，因為這些背後必然有寶貴的體驗。

人生不是一道難題等你解決，而是段歷程待你用心體悟。人生的目標全靠自己來界定，而且目標可隨心所欲改變。

改變確實會讓人有點害怕，但那又怎樣？難道你想為了日後安全抵達人生終點，便一輩子避開你害怕的事物嗎？別把自己看得太重要，你只不過是一副血肉之軀，生在快速自轉的地球上而已，好好享受人生的精彩吧！若旁人告訴你不同的人生觀，那他們也只是想強化自信，堅信他們對自己人生的抉擇是正確的。而我把我的人生觀和你分享，也只是在強化我的自信罷了。

好好享受當下。光陰一去不復返。你就是你，你可以讓自己開懷大笑。假設快樂是扇門，請千萬不要把開啟這扇門的鑰匙放在他人的口袋裡。

你的智慧，會一天一天增長。歡呼吧！

我說的這些話，相信大家早已聽過了。但我只是想強調：這些話，值得謹記在心。

改變確實會讓人有點害怕，

但那又怎樣？

難道你想為了日後安全抵達人生終點，

便一輩子避開你害怕的事物嗎？

76.

他人的認可，竟是毒藥

我們常常在意別人怎麼看我。但若說「我才不屌其他人怎麼想」，好像也有點太極端，畢竟每個人或多或少都會在乎他人的目光。只不過我覺得，如果一味在意他人眼光，這樣的確是太超過了。說實話，別人根本沒像你想的那麼在乎你。

新襯衫上沾了點芥末污漬又如何？無須（也不該）讓這區區小事壞了一整天的心情。世上鳥事難免，食物掉到衣服上也難免。若我說我完全不重視表象的世界，那也是違心之論。但各位別忘了，我們在乎別人的眼光，其實別人也會在意我們怎麼看待他們。別人喜歡和我們打交道，往往不過是因為彼此相處愉快。既然彼此都能相處愉快，你我實在無須討好對方。

好好做自己。你的風格、舉止、整個人的氣質不可能被所有人喜愛，但這也沒關係。

與其成為「不是我的我」而受眾人愛戴，不如擁有少數全然接受你的知心。就算我的讀者群裡，也會有人期盼我——謙卑詩人——能成為「不是我的我」。若我堅持做自己，可能會流失一些支持，但我覺得沒關係。

我沒辦法和所有人都合得來，其實也不是所有人都能跟我合得來。人生苦短，實在無須操煩此事。**光陰有限，不要浪費時間想去取悅所有人**，不如把這時間拿來和志同道合之人相聚。這樣的人生會更有意思！

我今天看了一個音樂家的訪談，他說：「不論是在哪個群體裡，每個人都只會和百分之十的人合得來。」也就是說，不管你在上流社會還是非主流文青圈，你都能找到百分之十的人和你處得來，那就放膽一試吧！

身為創意工作者，我寫了些作品呈現給大眾。如果我完全抱持著那種「老子就是要做自己，才不鳥你們喜不喜歡哩」的心態，那就是太愚蠢無知了。我很高興能聽到支持者願意花時間欣賞我的作品，大家的好評便是我繼續創作的最大動力。至於那些惡評，就讓它們如過眼雲煙，隨風而逝吧！

不用太在乎別人怎麼看我們，因為要取悅別人根本取悅不完。想想如何做真正的自己、與自己好好共處，那些懂得欣賞你的人自然會與你有所共鳴。

想想如何做真正的自己、
與自己好好共處，
那些懂得欣賞你的人自然會與你有所共鳴。

77.

想成功，先假裝自己成功了，再一步步努力「弄假成真」

我們常以為成功人士不像我們一樣會受到恐懼、焦慮、懷疑、憂鬱、缺乏動機等情緒的困擾。事實絕非如此。「成功」並非一種狀態，所以也無法量化。對某些人來說，大清早能起床就算是成功了；但對另一些人來說，起床後再賺個千萬元才稱得上成功。各位想怎麼衡量成功都可以，只要讓你感覺不錯，願意努力去追尋就好。

有些人則是把自己想要達成的目標，寫在「夢想板」（vision boards）上。我的好朋友莉莉辛格（Lily Singh，YouTube 用戶名稱為 iiSuperWomanii）向來擅長鼓勵他人，我見過她的夢想板，上面記載的項目有許多已實現了！但這就代表她成功了嗎？當然不是，這其實代表了她可以再多添些新的目標與夢想。擁有適當的雄心壯志，人生才會像攀登一座永無止盡的高山，而且路途上的每一步都能飽覽山峰景緻。

負面情緒會讓人上癮，正面情緒也會，至於你想要對哪種情緒上癮，就由你來決定了。想要正面的心情，體能活動必不可少（我現在一邊想到一件事：我的健身房會員卡過期了。如果各位哪天碰到我，麻煩問我一下我有沒有去更新會員卡。如果我說「沒有」，那就揍我吧。）你眼前的處境，也許不符合自己心中界定的成功，但現狀是暫時的，快點動起來往前進吧。如果此刻的你一切順利，那麼你想做什麼事呢？如果你還無法把這件事每天做滿八小時，那就先做兩小時。**凡事只要持之以恆，必能有所進展**。無論各位想做何事，一切的進展和進步皆有賴時間累積而成。切莫空有遠大志向卻不能堅持向前。只要是邁向正確的方向，慢慢前進也能達到夢想境界。

常聽人說想要成功，得先裝出個成功人士的架勢來，假裝自己已經成功了，直到「弄假成真」。其實也不只是要「裝出架勢」來——這句話乃是提醒世人務必隨時調整好心態，以幫助自己達成心中的夢想。

負面情緒會讓人上癮，
正面情緒也會，
至於你想要對哪種情緒上癮，
就由你來決定了。

78.

不積跬步，無以至千里

許多人空有理想抱負，卻一味好高騖遠，缺乏耐心。這樣的人註定會失敗。想從商？想踏入音樂圈、健身或是建立一段感情？凡事都有第一步。然後第二步。然後再進一步發展。別肖想有什麼無腦自動導航。

我之所以有今天，都是一小步一小步累積出來的。其實我離我的夢想還有一大段的距離。我想要在十年內於大型場館舉辦我的個人演唱會，但這個目標必須靠我今年、這個月、這個禮拜、今天、現在的每一步慢慢累積而成。

成熟與耐心需靠時間的累積，而隨著年歲增長，我們也該體悟到：光陰有限，得把握時間做想做的事情。因為害怕，所以我們慣於一拖再拖。究竟在怕什麼呢？嘿嘿，我們所怕的，都是想像出來的，阻撓我們往前踏出一小步。

要超越這種阻撓，唯有堅持踏出一小步。萬丈高樓平地起，千古篇章逐字成，就連人與人之間的感情都是透過日復一日的累積才會慢慢升溫。**有些事得靠時間慢慢累積而成。若不願正視時間的養成，那麼你根本不配擁有任何成就**。

在人生的旅途上，重要的是沿途的風光，而非最後終點。人生的共同終點都是死亡。流年似水稍縱即逝，人生在世，一切都得靠一步步積累而成。

打造自己想要的人生，只要開始，永遠不嫌晚。成功的秘訣很簡單：邁出步伐、學習、累積、持續不懈。請大家別忘了，這個秘訣各位其實再熟悉不過了。孩子學步，學生讀書識字等大大小小的功夫，皆是靠時間累積而成。我們所有的成就，未達成時看似難如登天，完成後方覺易如反掌。這番道理務必謹記在心，心無旁騖持續向前邁進。

還有還有，請各位多跟腳踏實地之人往來，這比跟一群空有滿腔抱負、藉口也滿腔的人打交道好多了。好高騖遠之人只會浪費你我的時間。

打造自己想要的人生，
只要開始，永遠不嫌晚。

79.

人生苦短

你不可能討所有人的歡心。不管你多努力，總有某些人永不知足。這種人非常自私，因為他們的快樂，是建築在你的討好上。這種人絕非善類，我勸各位最好敬而遠之，日子才會好過些。請把自己放在第一位，這絕不是自私的表現。

若你期待別人把你放在第一位、事事以你為優先，那才叫自私。

從現在開始，請各位書寫自己的人生故事。

如果你的人生是部電影，會有人想看這部電影嗎？受人喜愛的電影中，主角都是如英雄般克服一切挑戰，成為一個更好的人。請問各位，你們在自己的人生裡，是否有如電影英雄般克服大大小小的挑戰，還是碰到點挫折就避之唯恐不及呢？

現在這個時代，大家只要有一丁點兒「成就」，便能輕易得到旁人的讚美和祝賀。

但我認為大家應多關注那些正在努力克服自身難關的人。與其為贏家歌功頌德，不如為那些勤勉開創人生新局、努力不懈的人歡呼。鼓勵他，就是幫了他一個大忙。

我的一切成就，都要歸功於各位的支持與愛護。謙卑詩人的作品不只是我本人的作品，而是集結了廣大的讀者群和我一同互動、對話，由我們共同激盪出的智慧結晶。我由衷感謝各位的支持與愛護，一路走來都有你們的陪伴，更能激勵我繼續奮發向上，邁向下一個里程碑。

很多時候當我們達成目標後，回顧起來這些目標看起來竟是易如反掌，未達成前則難如登天。所有心存抱負的人都會遇到挫折難關，也都會遇到愛唱衰的人。老愛唱衰的人會用各種理由叫我們放棄夢想，但也有些人願意用滿滿的正能量鼓勵你我追逐夢想。各位想要聆聽哪種人的意見，選擇權完全操之在己。當旁人在努力追逐夢想時，各位究竟想助他們一臂之力，還是想勸他們半途而廢，端看各位的抉擇。

我還不知道未來我的人生故事將如何發展。當我離開人世後，我的那些作品對我來說其實也沒那麼重要了。但我確知，今日的我能夠享有心靈的安寧，都是因為過去的我遭遇困難依舊不肯放棄逐夢。

我是個得勝者，你也是。我們是地球上獨一無二的存在。我們會適應環境，做出改變，不斷成長以提升自己生存的能力，過著更好的生活。

你我都有能力成為自己人生故事裡的大英雄。

總有人會唱衰我們的夢想，

勸我們放棄夢想。

但唱衰的話究竟要不要聽，

一切操之在己！

80.

別感染到「負能量」這種病！

負能量是種病，小心別被感染了。

我是認真的。生活中要躲開那些負面的人，這件事已經夠難了；如果你自己就是個滿腔負能量的人，人生也真是無望了。

懷疑、恐懼和其他負面想法不但無法激勵你我奮發向上，更會阻礙我們的步伐。想法終究只是想像出來的，但這些負面想法卻會對我們有極大的影響。負面想法不僅對身體有害，還會妨礙你我的成長。

留意那些負能量爆棚的人。如果各位真的愛自己，快和那些滿是負能量的人切割，免得被他們傳染（不要不信邪，負能量真的會傳染）。有些人可能不贊同我這番論點，認為充滿正能量的人有責任幫助那些滿滿負能量的人。如果你也這樣想，我只能祝你好運。我人生中的一切改變，來源皆非外人施加於我身上的能量，而是源於時間的淬煉，以及我發自內心的領悟。光陰有限，務必留心自己究竟把時間花在哪些人身上。如果你是個正面思考的人，但周遭的人總沈浸在負面思考中，我勸你另尋新友。

「態度」對我們的人生太重要了，會影響你我以何種心境看待生活。正確的態度會使我們每天睡醒時迫不及待跳下床，而不是按下貪睡按鈕只求多睡一會兒。

負面思想真的有毒。好好花時間把負面思想掃出腦海。每個人都有負面想法來襲的時刻，但我們平日可以多留心，當負面思考出現時就懂得如何聰明接招。

負能量是有毒的細菌，但世間仍有許許多多值得散播出的「好菌」，如愛、雄心壯志、鼓勵、以及正能量。探索自己的內心，發掘出這些好菌，並將這些好菌傳染給周遭的每一個人。

> **光陰有限，**
> **務必留心自己究竟把寶貴的時間花在哪些人身上。**

81.

我不許他人用言語傷害到我

我不是要教各位如何應對言語暴力，畢竟被別人的話傷到在所難免，因為我們生來便乞求他人肯定我。但一味渴求他人的肯定，使我們變得更容易受傷，尤其當別人對我們說一些不中聽的話時。

先不談別人對我們的言語傷害，來談談我們都說出了些什麼話吧！大家都知道，你的語言帶有能力，能對身邊的人帶來極大的影響。不過請問各位，有多少人懂得善用言語的力量呢？

時不時說些讚美的話並沒有什麼壞處。好話自然而然脫口而出，無須刻意為之，更無須言不由衷、說些不真誠的讚美。舉例來說，每當我遇到一個精心打扮的人，我便會稱讚對方的衣服、耳環或是鞋子。

我們每個人都有強大的力量，能在別人的臉上增添一抹微笑，也能讓別人不悅、憂傷、大笑、平靜或舒坦。別人不會記得我們說了什麼，他們會記得的是你的話給他們的感覺。與其擔憂別人怎麼看你，不如讓別人覺得跟你相處起來很自在。

人不可能跟每個人都合得來。找出那些和自己合得來的人，為他們的生活添一抹溫暖的光吧！不要只是嘴上說好話，請用實際行動鼓勵你的朋友。你不必勉強，只要幫助你想幫助的人、用你自己想幫助的方法就行了。

哪怕只有隻字片語或是小小的舉動，也能大大幫助那些你所關心的人。

別人不會記得我們確切說了什麼，
他們會記得的是你的話給他們的感覺。

82.

每個人都是一幅未完成的畫作

你的人生是一幅偉大的畫作，而每個現在都是畫作上的一筆。直到人生結束，這幅畫作才告完成。你我何其有幸，又何其不幸，在有生之年都沒辦法看到那幅偉大作品的最終樣貌。

那幅畫終非專屬於你。**我們都是一幅又一幅的畫中之畫，我們並非寄居於這大千世界中；你我本身便是世界。**

交流電之父特斯拉說過：「若想尋得大千世界的奧秘，不妨從能量、頻率和振動的角度來思考。」

順著這句話說，我們無須解決、沉思或尋覓其他事了。能量、頻率和振動都是用感官去察覺，我們無力憑空創造，更無法摧毀。你我只能試圖改變能量、頻率和振幅，而這也是少數科學與宗教相容的時刻。**用心傾聽自己的感覺，相信自己歷經的一切掙扎與磨難——一切皆是世間運行之道。**

現實境遇存於你我心中。每個人的信念，終究只是心中的想法而已，而「不可能」也不代表真的無法辦到。未來會有很多人想說服你說你的人生目標為何，他們也許立意良善，也許只是想從別人身上肯定他們自己的人生，又或者就是想找個人當伴罷了。人生的目標應是由你我自己做決定，非任由他人指定。

我不是想宣揚什麼哲理或長篇大道。人生會開給你許多難以下嚥的苦藥，硬逼著你吞下去，而我只想吞下這些苦藥，讓它發揮療效。我個人的經驗與各位當然不同，而我也沒資格，更沒信心能真正了解你。我所知的，只有我們共通的天性而已。

在你我的共通點中，有一點著實令人擔憂（若我們都生在先進國家）：我們「不知感恩」的能力非常強大。笑容越來越少，因為不懂心懷感恩。當然了，人不可能無時無刻笑嘻嘻，但總有不少人能經常綻放笑容，就因為他們懂得一個密秘：心懷感激、心懷感激、心懷感激。

宇宙萬物中的一切既非我友，也不是我的敵人，我們反而皆是這大千世界的一部份。你我渺如滄海之一粟，但渺小之我又是一個廣闊的天地（我個人很贊同詩人魯米對人與世界的觀點）。

各位一定有能力可以為自己找千百種快樂的理由，也可以為自己找悲傷的理由，我對各位非常有信心。人生旅途中，若想尋得簡單好走的坦途，熟悉一下這個詞：單調乏味。

若人生是一幅畫，自己的畫，得由自己來彩繪。畫布是自己的，別讓他人操縱你手中的畫筆。

若人生是一幅畫，
自己的畫，得由自己來彩繪。
畫布是自己的，
別讓他人操縱你手中的畫筆。

83.

失去了一部份的自己

當人生中失去了某些特別的人，我心中的某一部份也隨著消失，只剩一副軀殼，因為從前和那人共築的日子已然不在了。

這種感覺有些人稱之為失落，我則認為這是為人生換上一塊新畫布。情感上或許仍是虛空，但我們只不過是離開了從前那熟悉的舒適圈罷了。

我們似乎是在思念那位離去的人，但我們真正思念的，其實是那人帶給我們對自己的感覺。如果在某段感情中，我們覺得自己值得被愛，一旦失去了這段感情，我們恐怕會覺得自己「不值得」了。這種感覺真的爛爆了，我當然明白。但一味逃避不愉快的心情實非明智之舉，因為挫折、磨難往往能促使你我成長。

我並不是想寫些能讓各位心情好點的文字——失去後，心會越來越痛，我懂。我只想告訴各位，等有一天心不再那麼痛時，能靜下來用理智思考時，別忘了以下這些事：

人生中我們最該好好建立的關係便是「和自己的關係」。若你發現你和自己的關係竟能輕易任由他人干擾，就當想想為什麼會這樣。你的價值、心情或幸福，唯有你能決定，任何人都不行。所以，務必慎選朋友。

與自己的關係越穩固，便越不必依賴他人。懂得與自己相處，你與他人的關係才能更加健全與良好。

一味逃避不愉快的心情實非明智之舉，因為挫折、磨難往往能促使我們成長。

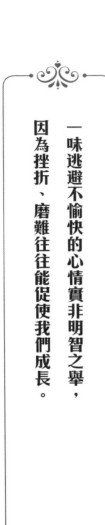

84.

別太苛求自己

別人對我的負面評論從來不會困擾我，因為我對我自己說的話，遠比旁人對我的批評來得嚴苛多了。保持自律的同時，又要懂得別把自己折磨得不成人樣，實在絕非易事。

以前當國小老師時，我常鼓勵孩子們的努力，而不是讚美他們的成就。這個原則不妨運用在自己身上，畢竟凡事有沒有盡力，只有自己最清楚。

若你知道自己已竭盡全力，毫無保留，那麼最終結果如何也不重要了。這種感覺真好。人生就像打撲克牌：做出聰明的決策固然能提高勝率，但有時就算你所有的決定都是正確的，成果仍不盡如己意。（往往是最後那張牌定輸贏呀，可惡！）現實便是如此——人生沒有什麼是一定的，出發點是好的也不保證能有美好的結果。

心裡承受的傷，很多是自己一手造成的。若總是對自己說些喪氣話，對自己唱衰久了可是會成真的！雖然要始終保持正面思考也不容易（旁人看來還會覺得有點自傲），但當個滿滿正能量的人，還是挺值得的。自傲與自信只有一線之隔，而有些人就是永遠搞不懂「自負」和「自信」差在哪裡。就別管那些人吧！這樣子我們的日子會比較好過。

替自己加油打氣，做自己的啦啦隊隊長，這是對自己最有利的決定！外界的一切慶賀喧囂，以及外人投注的欽羨目光，細想來實與你我無涉。若一味在意他人眼光，只是自欺欺人罷了。與自己的對話越深入，便越能了解心中真正的自己。

讓自己快樂已經夠不容易了，更別奢望我們能使他人快樂。我們常會過度嚴格地自我批判，這正是因為我們愛自己，所以對自己嚴苛。不過，也請不要嚴格到苛求的地步。

別總是對自己說些喪氣話，
對自己唱衰久了可是會成真的！

85. 對與錯

諸位抱持著什麼樣的道德觀，我並沒有興趣。我有興趣的是這些道德觀是從哪來的。什麼是對的，什麼是錯的，每個人的立場都不同，而且有些人的是非立場可以隨時轉換。

千萬不要誤以為「不合法，等於不道德」。歷史上，依法女人不可投票，黑人搭公車必須坐在後面。至今世上仍有些地區的法律不允許女性就學。

好好想想：自己的價值觀究竟從何而來，然後尊重他人與你不同的看法。千萬不要因為對方和你的價值觀不同，便對他妄下定論。

非黑即白的思考模式，其實是過於簡化事情，更枉費了你我腦中那盤根錯節的灰質。世界不是非黑即白，更多的是一片又一片灰色地帶。

好好想想，
自己的價值觀究竟從何而來。
然後尊重他人與你不同的看法。

86.

坦然面對挑戰

小時候剛學走路時，難免一路跌跌撞撞。認字的功夫，也非一夜之間速效而成。而我們的各種技能，都是要花時間學習而來。**我們面臨的所有挑戰就是成長的機會，幫助我們變成更好的自己。**

汽車有個輪胎沒氣了，各位不會因此扔掉其他三個輪胎。人生碰到了一場挑戰，各位也不會就此一蹶不振，而是會奮力回擊。我們身上都有野性，有能力擊敗人生路上遭遇的攻擊與挑戰。

心態真的很重要。克服難關當然不容易，但話說回來，誰能說人生全程是坦途呢？在人生的旅途上，若想勇往直前，就必須擁有「歡迎挑戰，來直球對決吧」的心態。

我們的各種安排，難免會遭到突如其來的改變和打岔。「變化」讓我們不安，但人

生注定會有變化。面對人生各種變化，最佳對策就是與它共處，而非抗拒。因為抗拒變化是沒有用的

須經長時間的淬煉，你我方能脫胎換骨，成為最棒的自己。成為最棒的自己並非一蹴可幾，須得歷經人生重重的關卡與挑戰，才能盡顯你我的潛能。

如果你覺得人生好難，務必提醒自己不要只看到挑戰本身，還要看到挑戰背後所隱藏的機會。

須經長時間的淬煉，
你我方能脫胎換骨，成為最棒的自己。
成為最棒的自己並非一蹴可幾，
須得歷經人生重重的關卡與挑戰，
才能盡顯你我的潛能。

87.

其實別人才不在意我們

能認清這一點，我們就不會那麼在乎別人對我們的看法了。

在各式各樣的場合上，我們總會天馬行空亂想別人可能會怎麼看待我們。「他對我的論斷」其實是我自己想像出來的，反映的是我的內心想法，倒非旁人心中真正所想。

若你的人生中，有一絲一毫的快樂必須依靠他人肯定才能獲得，那你註定與快樂無緣。人生不是選秀節目，你不是在試鏡。就算在極少數「他人對你的意見會決定你的前途」的場合中（例如職場面試、選秀節目試鏡、到對方家見父母），你若能真正做自己，自然流露自信，那麼表現會更佳。

我們永遠不可能做到讓每個人都滿意。想要讓每個人都滿意，必以失敗收場。誠實面對自己，正視自己的內心，與願意鼓勵你做自己、完成自己夢想的人為友。

自己的人生故事自己寫，自己的人生路途自己走。最能打動我的人，就是那些誠實做自己、不想討好我的人。這樣的人才是真正充滿魅力、真正有能力的人。而且，你和我都可以做到這個境界。

生命裡真正重要的人，根本不會對你我提出百般要求。

我們永遠不可能做到讓每個人都滿意。若想做到讓每個人都滿意，必以失敗收場。

88.

愛與邏輯從來都是矛盾的

今天有人跟我說了一個很有意思的比喻：我們的腦袋就像裹滿巧克力的花生，內層的花生就是大腦，而外層的巧克力則是情緒。

情緒的參雜，造就了我們內在的矛盾。這在愛情上格外明顯，在生活中周遭大小事亦然。

人之所以會有拖延的毛病，是因為「想做什麼」與「該做什麼」之間的拉扯。許多事情我們明知做了能讓自己變得更好，但又因為恐懼而不敢去做。例如大家都知道良好的體態有益健康，但真正規律運動的人卻很少。「情緒」值得你我好好一探究竟——尤其是，若我們希望讓理性的邏輯能有發揮的空間。

情緒不是人類獨有的反應；其他生物在情感衝擊下，也會做出違反本能的行為。我一個朋友的狗狗在牠母親去世後，悲傷到好幾天都不吃東西。情緒有極強大的力量，既能實現一切，也能讓一切在瞬間終止。

你我難免會為情緒左右，而有些人會說這就是人之所以為人的道理。面對同樣的事情，每個人的反應大不相同，這也顯現了每個人能承受的情緒程度各有不同。

情緒是人生雲霄飛車必經的高低起伏與急轉彎。人沒有了情緒便如機器人，人生也不會如此多采多姿。要小心處理自己的情緒，情緒一失控可是會搞到翻天覆地的。好好與情緒共處，壓抑情緒不見得時時都管用——你只是向後推延了情緒爆發的時間而已（往往會在最不該爆發的時間點爆發）。

面對內心的問題，最好的對策往往是「當同樣的問題發生在別人身上，我們會給對方的建議」。

這些建議有時很簡單，如憋氣十秒鐘、去外面散步散久一點、捏爆氣泡袋的泡泡，或是把牆壁搥出一個洞。有些建議確實會造成昂貴的代價，做出不負責任的抉擇，這就會讓我們學到寶貴的一課。

情緒上來時，先緩個二十四小時再做打算。讓你小小的理智頭腦有空間去發揮作用，也許就能免於意氣用事。

無論各位如何應對理性與感性的拉扯，這都會是我們一生的課題。我覺得隨著年紀漸長，處理起來越發得心應手；也許只是因為隨著歲月，讓我臉皮越來越厚，越能抵擋過往的爛事。經驗與時間的累積，缺一不可。

「情緒」值得你我好好一探究竟——

尤其是，

若我們希望讓理性的邏輯能有發揮的空間。

89.

笑容是真的，還是想掩飾什麼？

你是否曾覺得其他人過得都比你好呢？其實他們並沒有過得比你好，他們只是和你一樣，向外人展現出自己最好的一面罷了。

每個人都有挫折和壓力，都有悔恨與焦慮。有些人會把自己的辛苦說出來，有些人則不會。**這就是真實人生，沒有人能過得無憂無慮**。若一廂情願以為別人都沒經歷過我的苦，這樣的想法只會讓問題不減反增。

我們眼中看見的「他人的生活」，就像電影的精華片段。而我們若把自己不為人知的幕後花絮，拿來和旁人光鮮亮麗的精華片段做比較，只會越比越難受。

關鍵字就是**比較**二字。

請各位務必認清一件事：你我對現狀的不滿與失望常是因為我們總愛拿自己和旁人

比較。若察覺到這一點，不滿和失望就會減少一點了。

重點是，只會減少一點。

所以我鼓勵大家臉上試著笑一下，哪怕是硬牽動臉部肌肉都好，都能有益身心健康。

不過若有真正令你開心的理由，那麼自然是比強顏歡笑來得更好。

我們眼中看見的「他人的生活」，
就像電影的精華片段。
而我們若把自己不為人知的幕後花絮，
拿來和旁人光鮮亮麗的精華片段做比較，
只會越比越難受。

90.

少點期待，快樂自來

少一點期待，生活會過得更愜意。我們當然別把事情說得太絕對，不過期待未必全然是件壞事。人正因有所期待，才會有雄心壯志，才不會對現狀感到心滿意足。

慾望少一點，的確會比得到更多來得快樂；但得到越多，意味著你會擁有更多。你我大多數的成就和進步，往往源於對現狀的不滿。

當你對現狀感到不滿時，請誠實與自己對話：**我真正想要的究竟是什麼？**

如果你想要的是快樂，也沒問題，畢竟是你的選擇。想要得到快樂，不妨先降低自己的慾望。如果你想要奮發圖強，勢必得承受一定程度的不安與不快。「不快樂」可以成為驅使你我向上的動力，而各位應不難發現：當今世上心懷壯志的人物會時時追求精進，永不滿足於現況。乍聽之下似乎自相矛盾，其實不然。人本來就不會時時刻刻都感到快樂。快樂是種心境，大多數的人認為快樂取決於境遇，但卻忽略了我們自己其實可以選擇以何種心態面對境遇。

我才不相信這世界會有什麼永恆的快樂。「永恆的快樂」是個美麗的想法，也是電影、電視、宗教界常見的厲害行銷工具，不過細究之下卻根本說不通。我們的各種情緒自有功能，有待我們善用，情緒才能成為人生的禮物。

當各位覺得心情低落時，不妨試著檢視一下落空的期待，先捫心自問：這份期待是合理的嗎？期待落空，不失為一個激勵自己重新出發的良機，也能敦促你我重新審視現實情況，努力拉近理想與現實的落差。

一切的一切，都得從誠實面對自己開始……

各位應不難發現：
當今世上心懷壯志的人物會時時追求精進，
永不滿足於現況。

91. 你的人生

被哪些事物佔據了？

你的人生空間有限——你想讓什麼事物佔據你的空間呢？

「快樂」，不過就是你我的夢想獲得實現。我們若任憑思慮煩憂佔據了人生，哪還有空間留給快樂呢？

別告訴我「這個才重要」、「那個實際」——這一切到頭來都算不得什麼。也別問我什麼是到頭來。它就是我們不想承認的事實：人生終將走到盡頭。

對我來說，既然終將一死，那就不該把有限的光陰浪費在擔憂上。難道我能做到無憂無慮嗎？當然不能呀！若有人說自己無憂無慮，他不是騙人就是想推銷東西。我無法免除憂愁，但我深知應該用開心的事物充滿人生有限的空間。既然人生過得如何取決於心境，想要充實人生唯有慎選該把心思放在哪裡。

如果這代表我得切斷那些糟糕的感情關係、遠離損友或親戚，沒辦法，只能這麼做囉。如果這代表我必須誠實面對自己，不能再為自己的人生找藉口，沒辦法，只能這麼做囉。如果這代表必須冒盡一切風險，才能讓人生少走點冤枉路，那這就是我的選擇。

在這世界上，唯一能讓你在大清早精神抖擻地起床的人，就是你自己。

開創自己想要的人生，拋開那些你不喜歡的人事物，接受並珍惜擁有的一切。聽起來很簡單，可做起來非常不容易。值得慶幸的是，你我有一生的時間——無論長短——來努力做到。

在這世界上，
唯一能讓你在大清早精神抖擻地起床的人，
就是你自己。

92. 活出生命的寬度

你只想要渾渾噩噩過完一生，還是同時想活出生命的寬度？

你有什麼能耐呢？我不知道，你老媽也不知道，就連會鼓勵你的師長或朋友也不知道。但你自己很清楚自己有什麼能耐。

時間就是有限的預算，若預算沒用完，就得交回去了。李小龍三十二歲便去世，但至今尚未被人遺忘，因為他在世的時候不僅充分運用生命的長度，更活出了生命的寬度，在有生之年內達到了多數人望塵莫及的成就。

偉人的一天有二十四小時，跟我們一樣。他們的一分鐘、一小時、一天都跟我們一樣。但他們之所以異於泛泛之輩，是因為他們懂得善用每時每刻。

成功戰勝癌症病魔的人可能現在就在閱讀這本書，也可能正在看電視。就連我們錫克教第三代宗師也是要到七十三歲才成為錫克教徒。只要開始，便永不嫌晚。就算是最後一個完成的，也總比沒參賽好；就算沒完成，也比沒開始來得好。

Jay-Z 曾說過：「嘿老兄！別只是做得還不賴，要做就做得超棒！」你有什麼厲害的潛能呢？你準備好向全世界一展長才了嗎？

每個人來到這世界上，都有各自獨特的使命。天生我材必有用，如果某人沒有展露出自己的才華，我們也不會知道他來到這世上的使命為何。

繼續努力……好好一展長才，成就非凡的自己。

你有什麼厲害的潛能呢？
你準備好向全世界一展長才了嗎？

93. 付出愛越多，就能得到越多？

我不知各位怎麼想，但我認為「愛」是種獨特的貨幣。「愛」沒有總量的限制，你可以隨心所欲在任何人身上投注我們的「愛」。想在一個人身上投注多少的愛，並無限制；想在多少人身上投注愛，也並無限制。（但別錯將「愛」誤以為是時間和心力，它們是完全不同的概念。）

接受「愛」也很重要。人人都渴望被愛。而世間一切問題的根源，乃出自於你我究竟是如何得到「愛」（或者說，我們如何找到人來愛）。

愛是件禮物，愛不是借貸。既然不是借貸，便不能在給出之後期待能有收穫。這個體驗，是我犯下了數不清的蠢事之後才領悟到的。我聽過不知多少人老在怨嘆自己付出的愛沒有得到相應的回報。他們覺得自己沒有被珍惜，覺得那段感情只有他單方面在付出，自己吃了好多虧。其實問題的癥結點不在彼此感情的互動，而是在感情背後的動機究竟為何。

當禮物成為義務，就稱不上是禮物了。若你期待對方的愛，或感覺到自己有義務用愛去回報對方，請問這樣的「愛」還有幾分真實？人本來就是自利的，但我們或許可多想想如何付出更多，而非一味專注在得到幾分。若你不認同「愛不求回報」這個觀念，那就該重新審視一下你現在愛的人是誰，以及你為何一開始想要他的愛。

我沒見過有多少母親想要從孩子身上得到回報。身為孩子，就算我們有心想要回報，真能報答的了嗎？我們只能往自己的下一代報答了。但你對孩子付出的時候，難道會期待孩子報答你嗎？

每個人對愛的定義都不一樣。有些人的愛是一生一世、全無條件；有些人的愛則是在幾句爭吵、或有個更美的女孩出現之後，便煙消雲散了。我個人不怎麼把「愛」的理念放在心上，畢竟理念終究只是理念罷了。真正的逐夢者會告訴各位：理念不重要，真正有意義的是行動。

若你願意敞開心胸看待「愛」，也真想要滿滿的愛，那麼別看自己付出了多少愛，而該看自己願意接納多少愛。

你我生命中的愛，各源於不同的地方，各有不同的程度，也有許許多多不同的形式。

愛可以是頰上的一吻，也可以是屁股上挨的一腳。愛可以是一封由衷欣賞你音樂的粉絲來信，也可以是某些人對你的密密麻麻的批評與指教。

若你願意敞開心胸看待「愛」，
也真想要滿滿的愛，
那麼別看自己付出了多少愛，
而該看自己願意接納多少愛。

94.

唯一不變的事

我們總以為「變化」是天大的事，殊不知變化不過是人生中最不變的事。有些變化來得很快，而有些變化則是經年累月、不知不覺的到來；無論何者，變化終究是變化。有時是我們自己主動改變，有時世事則是說變就變，我們也只有調整適應的份兒了。沒有人能逃得了變化。其實我們每一個人都很會處理改變，只是我們自己不記得。

或許你正處在一個自己不樂意待著的處境，可能是職場、健康、感情問題或是整個人生。你想要改變，但似乎又找不到動機去改變。若你真心想要改變，動機絕對不會是問題。有些人則實在太依戀熟悉的舒適圈，漸漸消磨了自己想改變的決心，最後只能遷就現狀。

遷就現狀，死路一條。此路莫走。

日復一日做同樣的事情，只會得到同樣的成果。想要得到不同的結果，就要做些不一樣的事。當我們願意鼓勵自己做出改變、以求精進，我們便越能累積能力，適應這個瞬息萬變的世界。春去秋來，友情會變，熱情會變，信念會變，人生也會變。若能放寬心胸，常做準備，變化來臨時便不會措手不及了。

人若心裡沒有準備好想要改變，是不會改變的，外人也沒辦法揠苗助長逼迫他提早改變。真想這麼做，只會落個友誼翻臉、自己頭疼而已。同理，若各位身邊的朋友整日想要你改變，那就換個朋友圈吧。各位需要的是自己對自己的肯定，而非旁人的肯定。

每時每刻都是拋開舊我、展示全新自我的良機。我們持續進化改變，每一次改變都值得好好慶祝。若各位想要成為新造的人，卻又感覺受到老我的羈絆，那麼請記得：其實沒有什麼能絆住你，是你自己不肯放掉過去。

放手就對了。

遷就現狀，
死路一條。
此路莫走。

95. 感恩，沒有最低限度

說到不懂珍惜，我們真的沒有最不懂，只有更不懂。

再說到視一切為理所當然的程度，沒有最嚴重，只有更嚴重。快樂是一種心境，端看你我選擇要把目光專注在哪裡。**我們對自己擁有的事物（或是人）心存感恩嗎？還是說，我們因為身邊缺少了什麼東西（或人）而悶悶不樂呢？**

若我們用這樣的角度看事情，便能理解到「快樂」不再是追求而來的、也不是要成就了什麼才會有「快樂」。快樂是選擇，是理解之後的產物。人往往深陷於自己的痛苦中不能釋懷，於是親手摧毀了種種知足與快樂的良機。我們沉溺在痛苦中而不願出來，正因為這些負面情緒雖然負面，卻讓人覺得既熟悉又舒坦。

若我們覺得一定要擁有什麼、成就什麼，才能填滿自己對「快樂」的渴望，我們恐怕都錯了。世界上最快樂的人，都是深諳「足夠了」之道的人（至於要多少才是足夠，則全由個人界定）。

寫這篇文章的同時我人在印度。在此地最黑暗的角落，最令人意想不到的地方，我卻仍能看見笑容；在此地最富貴、人人稱羨的地方，我也見到眼淚和憂愁。當然，並非所有惡劣的環境都能見歡樂，也不是所有盛宴上都有淚水，但我在印度目睹的一切，充分顯示了我們抱持的心態有多重要。

欲求少一點，會比「得到更多的時候」更快樂。但每個人對於少一點、更多、快樂的定義都不同。我只能跟各位保證：「感恩」一詞不應只是老掛在嘴上說說而已，懂得心存感恩，快樂的心情也能隨之而來。

若我們覺得一定要擁有什麼、成就什麼，才能填滿自己對「快樂」的渴望，我們恐怕都錯了。

96.
你的快樂，是由誰來決定？

自己的快樂，唯由自己決定。

有時候，好像旁人真的可以決定我們的心情，讓我們感到快樂驕傲，或使我們灰心喪膽。就算是在這種情況下，我們也有能力決定要允許對方影響我到什麼程度。

哪些人事物能讓你微笑，絕非由外界而定。就算其他人都在排隊入手新款 iPhone，而你只想和姪女一起赤腳奔跑在草地上嬉戲，你也能因此而快樂無比。

許多時候只因為有許多人都朝著某個方向走，於是我們也踏上同一條路，還以為這就是正確的道理。當我們隨波逐流，卻無法過著他人向你推銷的幸福快樂日子，於是我們要嘛假裝快樂，要嘛更汲汲營營尋覓快樂。

其實若不懂珍惜眼前所有，那麼不論日後得到什麼，也不會快樂。別人家的草坪之所以永遠看起來比較翠綠，便是因為我們眼中所見的，不過是投射出自己內心的嫉妒罷了。

當我們一味執著在自己沒有的，而忘了珍惜自己擁有的一切，當我們眼裡只看到現實與我們的想像不同，不快樂的感覺便油然而生。慾壑本就難填，人永遠想得到更多。

快樂是需要努力的，保持快樂的心情也需要努力。可一旦掌握了快樂的節奏，我們便可以把快樂分享給他人、散播快樂這種「好菌」。

別人家的草坪之所以永遠看起來比較翠綠，
便是因為我們眼中所見的，
不過是投射出自己內心的嫉妒罷了。

97.

萬事起頭難

我們常用想像力憑空生出自己不想要的事物，這就叫憂慮。憂慮易生恐懼，恐懼則生躊躇而不知所措。到頭來便一事無成。

美國勵志演說家萊斯布朗（Les Brown）說，「不是偉大的人才能踏出第一步，而是先踏出第一步才能成為偉大的人。」

當我心情激昂之時，才是我創作靈感最多的時刻。每當我大功告成完成一首歌，這種感覺就像是為一面巨牆砌上最後一塊磚，或為金字塔鋪上最後一塊石頭。我會好好欣賞那首寫完的音樂，然後滿懷衝勁開始譜下一首新歌。跨出第一步，就是最有創意的一刻。萬事起頭最難，但跨出第一步後，便能激發動力完成一切。

你我難免有徬徨無措的時刻，此時最佳解方就是正面迎擊問題，動手解決。想像一下自己正一步步、慢慢瓦解難題。只要你是走在正確的方向上，**哪怕前進的步伐不大，隨著時間的累積，跬步終能至千里**。耐心的意義不是等待，而是運用足夠的時間去完成大事。

若想要更接近你所渴想的快樂，當下就是值得善加利用的最好時機。你的人生，**由你自己主宰**；想要走哪條路，由自己來決定。

不是偉大的人才能踏出第一步，
而是先踏出第一步才能成為偉大的人。

98.

莫因恐懼而退縮

內心的恐懼，其實多半是自己想像出來的。在你我內心深處，我們深知自己害怕什麼，當我們試著轉換新的人生跑道、跳脫舒適圈時，我們的腦袋瓜常能「善用」內心的恐懼、阻礙你我前行。

不舒服和不熟悉的環境往往有助於你我成長，但人的大腦不喜歡陌生又令人不安的環境，故傾向維持現狀。正因不喜歡、也不願脫離舒適圈，我們就選擇原地踏步，設限了自己的發展。

「**正面思考**」**指的不過就是懂得鼓勵自己找到實現願望的方法罷了**。人生是一場漫長且不間斷的旅程，你我駕車駛在人生的道路上，路過了便是過了，沒有人能倒車回到從前。也許會轉錯了彎，走錯了路，仍得繼續前行。轉錯了彎後，若一再回頭張望又深陷於懊悔中，懊惱的越久，便離原本想要走的路越來越遠。

人生其實沒有所謂轉錯彎、走錯路這回事，無論走到哪裡，人就在那裡。當下在何處，自己便在何處，無需與旁人比較。如果各位非常清楚自己想要走的方向為何，便能回到人生正軌，或是根據當下現況另闢一條新的道路。

當你我漸漸明瞭自己人生的目標為何，並替自己選擇了目標後，我們會慢慢領悟出一個道理：在人生的道路上，許多的路障都是自己給自己設的。我們自找理由說服自己留在原地，因為我們任憑恐懼來主導我們的前途。

當想要實現夢想的決心遠勝於內心的恐懼，便能完成夢想。

當想要實現夢想的決心夠強大，而非一味在乎他人的看法，便能完成夢想。

當想要實現夢想的決心遠勝過人生的一切，便能完成夢想。

當想要實現夢想的決心達到一個極致，必能完成夢想。

行千里路固然不易，但一次累積一小步、就**能慢慢擺脫自我設限的內心牢籠**。每踏出一步，都能打破一座心牢；打破一座後還會發現另一座心牢，但這不要緊。人生本就充滿著各種新的挑戰。每踏出一步，就能戰勝一項恐懼，習得一個新的技能。靜下心好好回味這些得來不易的勝利，一切的勝利將能助各位勇往直前，走出自己的人生道路。

當你我漸漸明瞭自己人生的目標為何，
並替自己選擇了目標後，
我們會慢慢領悟出一個道理：
在人生的道路上，
有許多的路障其實都是自己給自己設的。

99.

「快樂」不是個地方

「歡樂鎮」只存在於你我心中。鎮上有何氛圍，住了哪些人，由你決定。

你可以選擇讓你心裡的歡樂鎮隨處可見懊悔的氣氛，惦念著逝去的過往不能忘懷，又不斷擔憂未來；裡面住著的都是讓你心累的人。

你也可以選擇讓鎮上充滿了感激，有許多開懷的理由，且懂得享受最重要的時刻——也就是當下。你可以把自己的心力放在那些愛你的人身上，以及那些給你諍言的人身上。

世界上好事、鳥事都會發生在你身上。你有多快樂，取決於你用什麼態度處理鳥事，而不是取決於鳥事本身。

別以為我是那種面對人生一切混亂，都能時時刻刻保持心平氣和的禪師等級人物。我也是一個正常人，鳥事也會讓我憤怒沮喪。但我盡量（請注意，我特別強調盡量這二字）穩住情緒，不讓負面情緒影響我整個人的思維太久。我也不鼓勵各位向別人大吐苦水。別人也有別人的難處。你就把想法寫在紙上，揉成一團，扔掉就好。

讀到這裡，你應該又會覺得這些道理說起來容易，做起來可不容易。做起來當然不容易，凡是值得追求的目標和價值沒有一樣是唾手可得的。正因得來不易，方顯其可貴。

不妨試試一個可讓你快樂的簡單方法：在紙上寫下一些能讓你感到快樂的人、事、物：一個正妹的微笑、你最喜歡的冰淇淋口味。把注意力放在那些讓自己快樂的事物上，有助於讓自己感到開心、快樂。

隨時留意哪些人是損友。你心裡非常清楚哪些人是真正對你好、哪些人不是。你可以害怕失去某些人，但千萬不要任由這份恐懼奪走了你的快樂。

正如嘻哈歌手凡夫俗子（Common）在〈貧民窟天堂第二部〉（Geto Heaven Part Two）這首歌裡所唱：「既然唯有他的離去，你才能成長，你又何必苦苦挽留他呢？」

靜下心來好好想一想，其實我們每個人經歷的的鳥事大同小異。我由衷想聽聽各位會做哪些事情讓自己開心起來。對我來說，寫這篇文章能讓我臉上添一抹笑容。

世界上好事、鳥事都會發生在你身上。
你有多快樂，
取決於你用什麼態度處理鳥事，
而不是取決於鳥事本身。

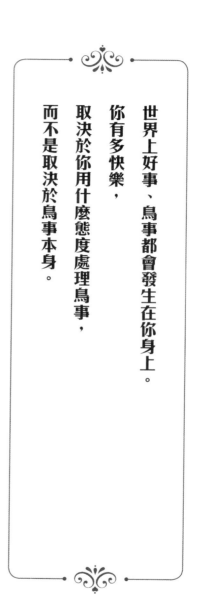

100.

有些人沈浸於痛苦與酸楚中，怎麼戒也戒不了

不是因為這些人喜歡痛苦的感覺，而是因為他們害怕一旦試著脫離痛苦的現狀，意味著得離開原地、踏入全然陌生的情境。

如果各位每天都一成不變，只會幹一樣的事情，將來的日子也必是一成不變。如果各位想要過不同的日子，勢必得勇於做些新事物，方能夢想成真。

作家羅賓夏瑪（Robin Sharma）曾說過一席頗具人生智慧的話：「不用告訴我你的人生優先次序為何，只要給我看一下你安排的計畫表就行了。光從你的計畫表，我就可以列出你心中的人生優先次序。」**如果「活得快樂」對各位來說至關重要，便應顯現在日常生活中；**若日常生活其實並不快樂，那麼顯然「活得快樂」對你的人生來說還不夠重要。

坐而言永遠不如起而行。

若只是嘴上說說而無實際行動，不過是紙上談兵、自欺欺人罷了。我們之所以會光說不練，說不定是因為想藉此自我設限，以待在原本熟悉的情境。無論熟悉的情境對我們來說有多麼痛苦，「熟悉」二字畢竟還是最讓人安心。

如果各位想要有足夠的力量讓自己活得快樂，自己的快樂與幸福勢必得由自己來負責。對自己的快樂負責，意味著我們再也不能把快樂的責任推卸到旁人身上，應反求諸己，承擔起自己的責任。一旦懂得擔起自己的責任，各位必能打破人生的負向循環。

如果各位想要有足夠的力量、
讓自己活得快樂，
自己的快樂與幸福勢必得由自己來負責。

101.

本書最重要的章節

本書的字字句句，唯有諸位讀者閱讀後心有共鳴，才會產生意義。身為作者，我坦然接受自己筆下的每一詞、每一句，經由不同的讀者閱讀與詮釋，會有各自獨特的意義。

各位現在也該動筆**寫下屬於自己的章節了**。**你寫的章節**，便是本書最重要的一章。你閱後有所省思，又能用書中的概念參照你的人生，這樣才能加強印象，讓書中的智慧成為你的收穫。

我由衷希望能讀到各位親手寫下的章節。寫好了屬於自己的章節後，煩請寄一份給我。請與我聯繫：unlearnbooks@gmail.com，@humblethepoet

坎韋爾・辛格（Kanwer Singh）

從苦境中轉回：
101 種帶有力量，能讓生活美好的思考
UNLEARN: 101 Simple Truths for a Better Life

作者　　　謙卑詩人 Humble the Poet
譯者　　　許家瑜
行銷企畫　劉妍伶
執行編輯　陳希林
封面設計　陳文德
內文構成　綠貝殼資訊有限公司

發行人　　王榮文
出版發行　遠流出版事業股份有限公司
地址　　　臺北市中山北路一段 11 號 13 樓
客服電話　886-2-2571-0297
傳真　　　886-2-2571-0197
郵撥　　　0189456-1
著作權顧問　蕭雄淋律師
2021 年 08 月 01 日 初版一刷
定價新台幣 320 元

ISBN　978-957-32-9226-5
遠流博識網 http://www.ylib.com E-mail: ylib@ylib.com
（如有缺頁或破損，請寄回更換）

遠流出版公司

國家圖書館出版品預行編目（CIP）資料

從苦境中轉回：101 種帶有力量，能讓生活美好的思考／謙卑詩人（Humble the Poet）著；許家瑜譯. -- 初版.
-- 臺北市：遠流出版事業股份有限公司, 2021.08
288 面；14.8×21 公分
譯自：UNLEARN: 101 Simple Truths for a Better Life
ISBN 978-957-32-9226-5（平裝）
1. 人生哲學　2. 自我實現
191.9　　　110011517